星栞 HOSHIORI

2024年の星占い

・ 蟹 座 ・

石井ゆかり

# 蟹座のあなたへ
# 2024年のテーマ・モチーフ
# 解説

　2024年前半に素晴らしい人間関係から恵みを得た後、年の半ば以降のあなたは「自分の世界」の充実を目指します。物事を一人で深く考えたことがある人、自分自身ととことん対話を重ねている人は、他者の目にも非常に魅力的に映ります。たとえばイヤホンをして音楽を聴く時、あるいは耳栓で外界からの音をシャットアウトする時、私たちは「自分の世界」に入り込み、夢やヴィジョンを描き始めます。そこでしか取り組めない大切なテーマがある年です。

CONTENTS

# はじめに

　こんにちは、石井ゆかりです。

　2020年頃からの激動の時代を生きてきて、今、私たちは不思議な状況に置かれているように思われます。というのも、危機感や恐怖感に「慣れてしまった」のではないかと思うのです。人間はおよそどんなことにも慣れてしまいます。ずっと同じ緊張感に晒されれば、耐えられず心身が折れてしまうからです。「慣れ」は、人間が厳しい自然を生き延びるための、最強の戦略なのかもしれませんが、その一方で、最大の弱点とも言えるのではないか、という気がします。どんなに傷つけられ、ないがしろにされても、「闘って傷つくよりは、このままじっとしているほうがよい」と考えてしまうために、幸福を願うことさえできないでいる人が、とてもたくさんいるからです。

　2024年は冥王星という星が、山羊座から水瓶座への移動を完了する時間です。この水瓶座の支配星・天王星は「所有・物質的豊かさ・美・欲」を象徴する牡牛座に位置し、年単位の流れを司る木星と並んでいます。

冥王星は深く巨大な欲、社会を動かす大きな力を象徴する星で、欲望や衝動、支配力と関連づけられています。すなわち、2024年は「欲望が動く年」と言えるのではないかと思うのです。人間の最も大きな欲望は「今より落ちぶれたくない」という欲なのだそうです。本当かどうかわかりませんが、この「欲」が最強である限り、前述のような「慣れ」の世界に閉じこもり続ける選択も仕方がないのかもしれません。

　でも、人間には他にも、様々な欲があります。より美しいものを生み出したいという欲、愛し愛されたいという欲、愛する者を満たしたいという欲、後世により良いものを残したいという欲。「欲」が自分個人の手の中、自分一人の人生を超えてゆくほど大きくなれば、それは「善」と呼ばれるものに近づきます。水瓶座の冥王星は、どこまでもスケールの大きな「欲」を象徴します。世界全体にゆき渡る「欲」を、多くの人が抱き始める年です。

《注釈》

◆ 12星座占いの星座の区分け（「3/21〜4/20」など）は、生まれた年によって、境目が異なります。正確な境目が知りたい方は、P.124〜125の「太陽星座早見表」をご覧下さい。または、下記の各モバイルコンテンツで計算することができます。
インターネットで無料で調べることのできるサイトもたくさんありますので、「太陽星座」などのキーワードで検索してみて下さい。

モバイルサイト【石井ゆかりの星読み】（一部有料）
https://star.cocoloni.jp/（スマートフォンのみ）

◆ 本文中に出てくる、星座の分類は下記の通りです。
火の星座：牡羊座・獅子座・射手座　　　地の星座：牡牛座・乙女座・山羊座
風の星座：双子座・天秤座・水瓶座　　　水の星座：蟹座・蠍座・魚座
活動宮：牡羊座・蟹座・天秤座・山羊座
不動宮：牡牛座・獅子座・蠍座・水瓶座
柔軟宮：双子座・乙女座・射手座・魚座

《参考資料》
・『Solar Fire Gold Ver.9』（ソフトウェア）/ Esoteric Technologies Pty Ltd.
・『増補版　21世紀　占星天文暦』/ 魔女の家BOOKS　ニール・F・マイケルセン
・『アメリカ占星学教科書　第一巻』/ 魔女の家BOOKS　M.D.マーチ、J.マクエバーズ
・国立天文台　暦計算室Webサイト

HOSHIORI

# 蟹座 2024年の星模様

## 年間占い

## ✳ 「利他」と「他力」の年

　遠く離れた国で起こった災害と、自宅の屋根の雨漏りでは、後者のほうがより「気になる」のが普通です。多くの人が良心や他者への優しさを備えていますが、現実を生きる上ではまず、自分自身のことが一番気になるものです。自分への評価、自分への愛、自分の損得。60歳を優に超えた兄弟姉妹が親からの相続について相談する時、「子供の頃、いかに自分が他の兄弟よりも愛されなかったか」が「争点」になることが、よくあるのだそうです。自分が受け取るべきものを受け取れているか、自分は愛され評価され重視されているか。誰にとっても、これはごく正直な「一大事」です。

　ですが2024年の蟹座の世界では、もしかするとそれほど大事な「自分のこと」が、なぜか薄く霞んで見えるかもしれません。日常を生きる上で、自分個人のことよりも、もっと大きなことへと意識が向かっているからです。といっても、自分を度外視し棚上げして人に尽くす、といった自己犠牲的な態度ではないようです。「もっと大きなこと」の中にはちゃんと「自分自

身」も含まれているのですが、「自分のこと」を考える時、それが小さく閉じておらず、大きな外界へと開け放たれているのです。

蟹座の2024年は「利他」と「他力」の年です。人に優しくできますし、視野が広がります。世の中のことに強い興味関心を抱いたり、社会的な活動に参加したり、利害や損得を超えたところで新しいことを始めたりする人が多いでしょう。「自分と、自分の身内・仲間」の外側に広がる世界に出て行き、新しいチャレンジができる時間なのです。他者のために力を尽くせる一方で、自分の力だけでなんでもできているわけではない、ということもよく見えています。ゆえにフットワークも軽く、フラットなスタンスで多くの人々と、新しい関わり方ができるようになります。上下関係や支配関係、組織などから抜け出して、一人の人間として「この世界」に居場所を見つけられるのです。

利他的であろうとする時も、「他力」を求める時も、自制心、自律心が問われます。なぜなら、この二つの

スタンスは、容易に心理的脱線を起こし、あらぬ方向に向かうからです。

　たとえば、利他的な人はしばしば、他者を支配したいという欲望のほうへ道を踏み外します。「あなたのために」と献身的に振る舞っているつもりで、実は子供やパートナーを自分の思い通りに操ろうとしている、という落とし穴にはまる人は少なくありません。「尽くす人」は「縛る人」になりがちです。無償の行為がいつか、「見返り」を期待しての無意識の取り引きに置き換わってしまうのです。2024年のあなたは、そんな心理的重力のようなワナから常に自由でいられます。

　問題解決に取り組もうとする人、困っている人を助けようとする人は「全能感」「優越感」に取り憑かれることもあります。手を差し伸べている相手を下に見て、満足感を抱く人がいます。自分だけが全て見えている、自分がやらなければみんなが困る、など、責任感が優越感にすり替わることもあります。「自力」だけを頼って他者の力や恩恵を顧みず、独善に陥るというルートも、非常によく見られる「心理的なワナ」です。

　2024年はその点「他力」を、とても謙虚に、適切に

リスペクトできる年です。人を尊重すること、人を頼ること、「自分だけが頑張ればいいのではない」ということをきちんと見据えることができるのです。

「させていただく」という表現のまどろっこしさが時に批判されることがありますが、これは「他力」への眼差しを表しています。自分の活動であっても、それを可能にしてくれている無数の「他力」があってこそなのだという意識の表現です。2024年の蟹座の人々の目には、そうした「機会や場を生み出しているたくさんの人の手」がよく見えています。

ただ「他力」への志向は、多くの人が懸念するように、怠惰や依頼心のほうへと脱線しがちです。また「人のせいにする」態度と表裏一体でもあります。自分では決定も挑戦もせず、他人に期待し、頼り、失敗したら外部の力のせいだと考えてしまう、そうした態度は「他力への謙虚な態度」とはかけ離れています。にもかかわらず、現実には「出過ぎてはいけない」「自分の考えは間違っているかもしれない」「もっと力のある人、立場のある人がやるべきだ」などの考えを謙虚さと置き換え、自分自身の力を用いないことで自分を守ろう

とするスタンスは思いのほか、一般的です。

　「利他」を心がけ、「他力」を見つめることは、このように、様々な脱線、逸脱の危険を孕んでいますが、2024年の蟹座の人々はそうした逸脱の前で、厳しく自分を律し、立ち止まることができます。そうした自律、自制の中から、真に自由な活動が起ち上がるのです。

## ❄古い場から抜け出して、新たな場へ向かう

　年の前半は、夢が膨らむ時間帯です。未来への新しいヴィジョンを描き、それに向けて動き出せます。長期的な視野に立って新しいことを始められる時なので、「これまで自分を守ってくれたもの」を手放す人も少なくないはずです。たとえば地位や肩書き、所属していた組織、地域コミュニティ、固定化した交友関係など、ずっと自分をくるみ込んでくれていた、ある意味「閉じた世界」を抜け出して、たった一人で新しいフィールドへと踏み出していくような動きが生じるのです。ここでは、漠然とした夢やイメージはあるのですが、具体的な目標・目的はまだ見えていないかもしれません。過去の成功パターンや築いてきた立場を手放すにあた

って「なんのためにそんなことをするの？」「次のこと
を考えているの？」などと問われるかもしれませんが、
ここではハッキリとは回答できないだろうと思います。
それでも「今、踏み出すしかない」ということだけは、
確信できているはずです。

　新たに出会った人々と一緒に、新しい夢を追いかけ
始める人もいるでしょう。「自分探しの旅」に出かける
人もいるかもしれません。この時期のあなたが探して
いるのは、目標や立場ではなく、価値観や世界観その
ものなのかもしれません。フラットで自由な人間関係
の中に身を置いて、世の中の多様性を目の当たりにし、
想像もしなかった生き方を選択する人もいそうです。

## ❇「過去」から取り戻すもの

　年の後半は「過去」とのやりとりが増えます。懐か
しい人々と再会したり、懐かしい場所に再訪したりす
ることになるかもしれません。また、かつての自分の
頑張りに感謝したいような展開もあり得ます。誰かが
「恩返し」をしてくれたり、昔学んだことが役に立った
りするかもしれません。

ずっと悩みの種だったこと、後悔し続けてきたこと、長い間抱えてきた苦しみ、痛み。こうしたことが2024年半ばからの1年で、全く別の形へと昇華していくかもしれません。過去に失敗したことに再チャレンジする人もいるでしょう。ケンカ別れした相手と再会し、仲直りできるかもしれません。過去に負ってそのまま塞がらない傷に、この時期は自ら手を伸ばして触れ、なんらかの形で癒すことができるのです。また、自分自身の手以外に、誰かの愛ある手がその傷に触れ、不思議な形で塞がっていく可能性もあります。

　2024年後半から2025年前半に起こる変化の多くは、第三者からは見えない場所で起こります。あなたにとっては人生を変えるような大きな出来事でも、「周囲の他人」たちはほとんど、気づかないかもしれません。それでも、その水面下の変化があなたの心の風景を変え、生活を変え、生き方を変えるきっかけとなります。ボトルネックが解消され、悪しきパターンを生む元凶が消え失せ、幸福に向かうための条件が整うのです。

## ❋ 秋以降の熱い「闘い」

　9月から2025年4月半ばにかけて、「自分との闘い」に挑む時間となります。闘いの星・火星が、あなたの星座に長期滞在するのです。ちなみに直前の滞在は2023年3月末から5月中旬で、その時に大奮闘した人は、「その続き」のような勝負に挑むことになるのかもしれません。「今の自分を超える」ための闘い、自分を変えるための闘いに挑む人が多そうです。何かに立候補する人もいれば、エクササイズを始めるなど、フィジカルに「自分を鍛える」人もいるでしょう。自分の問題点を見つめ、それを変えるために具体的な行動を起こせます。不器用でもまっすぐに挑戦する姿が、周囲にも強い印象を与えるはずです。

### ｛ 仕事・目標への挑戦／知的活動 ｝

　2022年後半から2023年前半が非常に熱い活躍期で、その時期に新しい仕事をスタートさせた人も少なくないはずです。2024年はそこで始まったことを「軌道に乗せる」時間と言えます。あるいは1、2年前に蒔いた

種がゆたかな実を結び、それを丁寧に収穫していくのが2024年のテーマとなるかもしれません。たとえば、新作映画が公開されると出演者や制作者は精力的に宣伝をして回ります。2024年はもしかすると、そうした「後処理」に取り組むことになるのかもしれません。一つのビッグプロジェクトを成し遂げた後は、それを広めたり、根づかせたりする活動が必要になるわけです。特に年の前半は、多くの人を巻き込んでいくこと、さらに未来に向かって道筋をつけることが「ミッション」となるようです。

　学びについては、2023年から時間をかけてコツコツ勉強を続けている人が少なくないはずです。あるいは、この2024年から学び始める人もいるでしょう。ここでの学びはとにかく時間がかかります。また、誰もがおしなべて知っているようなことではなく、ごく専門的なこと、ニッチなこと、マニアックなことについて力をつけようとしている人が多いだろうと思います。周囲から「そんなことを勉強して何になるの？」と言われる人もいそうですが、「何になる」かは、たとえ言葉で説明できなくとも、あなたの心には深い理解がある

はずです。

　総じて「人に恵まれる」年です。特に2024年前半は
「友情の時間」です。5月末まで多くの人に囲まれ、に
ぎやかな時間を過ごせるでしょう。初対面の人と意気
投合、すぐに親友になるような展開もあれば、意外な
相手、著名人などと友達になれたりするかもしれませ
ん。交友関係がいい意味での「驚き」「衝撃」を伴って
広がっていく時なのです。また、この時期の交友関係
はとてもにぎやかであり、盛りだくさんなのですが、一
方で非常に自由です。お互いにべったり依存したり、束
縛したりといったことが、一切ありません。互いが精
神的に自立しているからこそ結ばれる友情があり、人
間関係があるのです。妙な遠慮や忖度が不要な一方で、
自分の都合や本音ベースの意志はハッキリ伝える必要
があります。自分のことに責任を持った上で相手に配
慮する、という当たり前なのになかなかできないこと
を、のびのびと実行できるはずなのです。

　2008年頃から長い間、誰かとの関係に「縛られた」

状態だった人もいるでしょう。常に特別に配慮しなければならない相手がいたり、いつも誰かに付き添って歩くような状態だったりした人もいるかもしれません。そうした強すぎる紐帯も、2024年の終わりまでにはやわらかくほどけていくか、完全に離脱できる可能性があります。関係自体がなくなるわけでなくとも、「常に縛られている」という窮屈さ、不自由さが消えていくのです。一つの関係を一度解体し、より自由で建設的な、未来への希望が持てる関係を再構築していく人もいるだろうと思います。

## ｛ お金・経済活動 ｝

　経済活動の「熱量」が増す年です。特に年の後半に向かって、徐々にボルテージが上がっていきます。特に投資をしている人、融資を受けることを考えている人、他者のお金を管理している人にとっては、状況が大きく変わる年となるかもしれません。これ以降20年ほど、経済的な人間関係のボリュームが一気に大きくなり、「他者からのお金が流れ込んで来る」時期に入るからです。パートナーの経済状態が一気に上向きにな

り、その影響を受ける形で自分自身のお金の稼ぎ方や使い方が変わる人もいるでしょう。

　11月から2025年年明け、そして2025年4月半ばから6月半ばは熱い経済活動の時間です。ここは「自力で獲得する」時間で、挑戦して多くの財を築く人もいれば、大きな買い物に挑む人もいるでしょう。価値あるものを自分の力で手に入れられる時間です。

### ｛ 健康・生活 ｝

　秋から冬にかけて、健康状態が大きく変わるかもしれません。特に9月から11月頭は普段溜め込んでいる疲労やストレスが不調となって現れやすい時間と言えます。この時期は不調をそのままにしておくと大事になりがちです。勇気を出して専門医にかかり、イイカゲンにせずしっかり治すことが大切です。自分の身体に関して「対応力」が求められる時と言えます。普段自分のことを後回しにしたり、病院や服薬を嫌って避けがちな人も、この時期はそうした心のハードルを越えて、「きちんとする」ことを心がけたいところです。

# ◉ 2024年の流星群 ◉

「流れ星」は、星占い的にはあまり重視されません。古来、流星は「天候の一部」と考えられたからです。とはいえ流れ星を見ると、何かドキドキしますね。私は、流れ星は「星のお守り」のようなものだと感じています。2024年、見やすそうな流星群をご紹介します。

### 4月下旬から5月／みずがめ座η流星群
ピークは5月6日頃、この前後数日間は、未明2〜3時に多く流れそうです。月明かりがなく、好条件です。

### 8月13日頃／ペルセウス座流星群
7月半ば〜8月下旬まで楽しめる流星群です。三大流星群の一つで、2024年は8月12日の真夜中から13日未明が観測のチャンスです。夏休みに是非、星空を楽しんで。

### 10月前半／ジャコビニ流星群
### （10月りゅう座流星群）
周期的に多く出現する流星群ですが、「多い」と予測された年でも肩透かしになることがあるなど、ミステリアスな流星群です。2024年・2025年は多数出現するのではと予測されており、期待大です。出現期間は10月6日〜10月10日、極大は10月8日頃です。

HOSHIORI

# 蟹座 2024年の愛
## 年間恋愛占い

## ♥ 信頼と自由の年

　愛の世界でも「自由」がテーマです。人としてリスペクトし合い、お互いの自由な生き方を認め合いながら結びついてゆける時期です。愛の関係においても「友情」がとても重要です。親友であり、最大の味方であり、恋人であり、パートナーである、といった関係を、互いの弱さを受け入れ合いながら構築できる年です。

### ｛ パートナーを探している人・結婚を望んでいる人 ｝

　年の前半は交友関係が大きく広がる時期で、そこから愛の芽が出てくる気配があります。とにかく人の輪を広げていくこと、人脈を拡大することを意識すると、自然に愛の出会いに繋がっていくのです。友達の紹介や大勢の集まりの場での出会いにも期待できます。いつも通りの人間関係の中に閉じこもらず、より多様な人々が集まる場に「出て行く」意識を持つことが大切です。

　年の後半は「再会」の時間となっています。文字通り、昔の恋人や旧友との再会が、そのまま愛の関係へ

と発展する可能性があります。さらに、同窓会や古い仲間との集まりの場などで、出会いが見つかるかもしれません。時間を過去へと遡るような場に、未来の愛への道が繋がっているのです。

　また、年の後半からの出会いは「人の弱さ」にスポットライトを当てることで進展する傾向があります。たとえば「風邪を引いたとき看病してくれた」といったことがきっかけで付き合い始める人は少なくありません。格好つけたり、いいところだけを見せようとしたりするのではなく、互いに助け合い、許し合うようなアクションから、愛が育ちやすい時期と言えます。

### ❴ パートナーシップについて ❵

　パートナーとの関係が、とても開放的なものになります。本来は自由な独立した人間として手を結び合っていたはずなのに、過去15年ほどの中で、気づけば互いが相手に対する「縛り」を強化していたようなところがあったのではないかと思います。そうした状況が2024年を境に、ハッキリと解消されるのです。とはいえこれは決して「関係が壊れる」「別れる」というよう

なことではありません。むしろ、過去15年ほどをかけた融け合うような関係性の中で生じた、切っても切れない信頼関係を土台として、より自由に生きられるようになる、ということなのです。パートナーシップへの絶対的な信頼感が根を下ろしたからこそ、思い切った単独行動や、大胆な人生の選択ができるようになるのです。特に年明けから2月半ば、そして9月から11月は、お互いに熱く向き合う時間となるかもしれません。重要なテーマについて膝を突き合わせて話し合ったり、お互いの胸に溜まったものをぶつけ合ったりして、信頼関係の「オーバーホール」ができそうです。

## ｛ 片思い中の人・愛の悩みを抱えている人 ｝

　長い間愛に悩んできた人ほど、2024年は「悩みが解決する年」となりそうです。あなたを縛りつけていたなんらかの心情的鎖が、自然に消えていくような年なのです。片思いしていた人は、相手への関心が消えていくかもしれません。抑圧的な関係の中でもがいていた人、離れたくても離れられないような状態に苦しんでいた人も、そこから離脱する勇気が湧いてきます。特

に9月以降は正面切って「対決」できる時期となっています。

　年の前半までに突然の出会いがあり、その人との関わりを通して自分の取るべき道を見つける人もいるかもしれません。遅くとも11月中旬までには、愛の悩みから解放され、未来に向けて大きな一歩を踏み出せるでしょう。

### ｛ 家族・子育てについて ｝

　「戻る場所」「帰れる場所」への思いが強まるでしょう。年の前半は「未来・他者・外界」に意識が向かう時なので、安心できる居場所に帰れるということが大きな支えになります。普段よりも「いつも通り」を崩したくないという気持ちが強まるかもしれません。

　年の半ば以降は「過去との結びつき」にスポットライトが当たります。久しぶりに故郷に帰ることになったり、実家や親にまつわることでなんらかの責任を引き受けたりすることになるかもしれません。既に自分の家庭を構築して久しい人も、「そういえば以前はこれが当たり前だった」というふうに、過去の自分の日常

に引き戻されるような場面が増えるかもしれません。「自分のルーツはもともと、ここにあったのだ」という意識を新たにする時、現在と未来の見え方が少なからず、変わってくるはずです。

　子育てについては、特に秋以降「自分自身の変化」の振り幅が大きくなりそうです。子育てをする人はどうしても「子供がどう変わるか」「子供がどう成長するか」に意識が向かいますが、この時期はむしろ育てているあなた自身の変化や成長の振り幅が大きいようなのです。時には強い「成長痛」を感じる場面もあるかもしれませんが、遅くとも2025年前半までには、明るく安定的な地平に着地できそうです。

## ｛ 2024年　愛のターニングポイント ｝

　1月から2月半ば、3月半ばから4月頭、6月半ばから7月半ば、11月半ばから12月頭に、愛の強い追い風が吹きます。また、9月から11月中旬は、これまでの愛の関係・パートナーシップにおける「結実」を感じられるような出来事が起こるかもしれません。

HOSHIORI

# 蟹座 2024年の薬箱
## もしも悩みを抱えたら

## ❖2024年の薬箱 〜もしも悩みを抱えたら〜

誰でも日々の生活の中で、迷いや悩みを抱くことがあります。2024年のあなたがもし、悩みに出会ったなら、その悩みの方向性や出口がどのあたりにあるのか、そのヒントをいくつか、考えてみたいと思います。

### ◈想像よりも「外」はあたたかい

「外に出なければ」「自分の殻に閉じこもらず、新しい世界に足を踏み出さなければ」というプレッシャーと、外界への怖さ、慣れた世界を離れることの不安感とがぶつかり合って、大きな葛藤を感じる場面があるかもしれません。「同じ場所に居続けてはいけない」という強い思いを持って、勇気を出して外に出たのに、外では何も起こらなかったり、妙に排除されたり、といった経験を得て、亀のように再び甲羅に首を引っ込めてしまう、といったことも起こるかもしれません。ですがそれで安心できるわけではなく、引っ込んでしまった自分を責めてしまう、といった悪循環に陥る人もいそうです。ただ、この時期外に出たり、新しいこと

を始めたりしてまず押し寄せる不安感、孤独感は、そのほとんどが疑心暗鬼でできています。あなた自身の妄想、想像でできているのです。ひとりぼっちでも、勝手がわからなくて辛くても、少しずつ旅を続けることで、だんだん悪い想像が消え、現実の中の光が見えてきます。自分自身が創り出す不安感と闘ってみると、外界はもっとあたたかだということを学べます。

### ◈激しい感情の嵐を闘い抜く

　9月から11月頭、2025年1月から4月中旬は、怒りや苛立ちに飲まれたり、自分をうまくコントロールできなくて悩んだりする場面が増えそうです。熱いエネルギーがあなたの中に渦巻き、その出口を探しているような時間なのです。自分を変えること、自分自身と闘うことがこの時期のテーマなので、自己否定の辛さ、苦しさを感じる場面もあるでしょう。諦めず2025年春まで闘い抜けば、きっと大満足の地平に立てます。

## 2024年のプチ占い（牡羊座〜乙女座）

**牡羊座（3/21-4/20生まれ）**

特別な縁が結ばれる年。特に春と秋、公私ともに素敵な出会いがありそう。年の前半は経済活動が熱く盛り上がる。ひと山当てる人も。年の半ば以降は、旅と学び、コミュニケーションの時間へ。成長期。

**牡牛座（4/21-5/21生まれ）**

約12年に一度の「人生の一大ターニングポイント」が5月末まで続く。人生の転機を迎え、全く新しいことを始める人が多そう。5月末以降は、平たく言って「金運の良い時」。価値あるものが手に入る。

**双子座（5/22-6/22生まれ）**

大きな目標を掲げ、あるいは重大な責任を背負って、ひたむきに「上を目指す」年。5月末からは素晴らしい人生のターニングポイントに入る。ここから2025年前半にかけ「運命」を感じるような出来事が。

**蟹座（6/23-7/23生まれ）**

夢と希望を描く年。素敵な仲間に恵まれ、より自由な生き方を模索できる。新しい世界に足を踏み入れ、多くを学べる年。9月から2025年春にかけて「自分との闘い」に挑む時間に入る。チャレンジを。

**獅子座（7/24-8/23生まれ）**

大活躍の年。特に5月末までは、仕事や対外的な活動において素晴らしい成果を挙げられる。社会的立場がガラッと変わる可能性も。独立する人、大ブレイクを果たす人も。11月以降も「勝負」の時間。

**乙女座（8/24-9/23生まれ）**

冒険と成長の年。遠い場所に大遠征を試み、人間的に急成長を遂げる人が多そう。未知の世界に思い切って足を踏み入れることになる。5月末以降は大活躍、大成功の時間へ。社会的立場が大きく変わる。

（※天秤座〜魚座はP.96）

HOSHIORI

# 蟹座 2024年 毎月の星模様

## 月間占い

## ◆ 星座と天体の記号

「毎月の星模様」では、簡単なホロスコープの図を掲載していますが、各種の記号の意味は、以下の通りです。基本的に西洋占星術で用いる一般的な記号をそのまま用いていますが、新月と満月は、本書オリジナルの表記です（一般的な表記では、月は白い三日月で示し、新月や満月を特別な記号で示すことはありません）。

| | | |
|---|---|---|
| ♈：牡羊座 | ♉：牡牛座 | ♊：双子座 |
| ♋：蟹座 | ♌：獅子座 | ♍：乙女座 |
| ♎：天秤座 | ♏：蠍座 | ♐：射手座 |
| ♑：山羊座 | ♒：水瓶座 | ♓：魚座 |
| ☉：太陽 | ●：新月 | ○：満月 |
| ☿：水星 | ♀：金星 | ♂：火星 |
| ♃：木星 | ♄：土星 | ♅：天王星 |
| ♆：海王星 | ♇：冥王星 | |
| ℞：逆行 | Ɗ：順行 | |

## ◆ 月間占いのマーク

　また、「毎月の星模様」には、6種類のマークを添えてあります。マークの個数は「強度・ハデさ・動きの振り幅の大きさ」などのイメージを表現しています。マークの示す意味合いは、以下の通りです。

　マークが少ないと「運が悪い」ということではありません。言わば「追い風の風速計」のようなイメージで捉えて頂ければと思います。

| | |
|---|---|
| ★ | 特別なこと、大事なこと、全般的なこと |
| ✊ | 情熱、エネルギー、闘い、挑戦にまつわること |
| 🏠 | 家族、居場所、身近な人との関係にまつわること |
| ¥ | 経済的なこと、物質的なこと、ビジネスにおける利益 |
| ✏ | 仕事、勉強、日々のタスク、忙しさなど |
| ♥ | 恋愛、好きなこと、楽しいこと、趣味など |

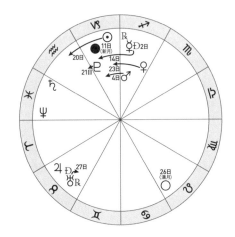

◆**情熱が飛び火する。**

人間関係が熱く盛り上がります。刺激的な人や情熱的な人に出会えますし、相対する人の積極性が自分の心に燃え移って、あなた自身もとても熱くなれそうです。月の半ば以降はさらにコミュニケーションが活性化します。これまでお互いの関係の中に隠れていて見えなかったものが、浮上する気配も。

◆**難航した調整もスムーズに。**

交渉事や調整事項も多い時です。12月半ば以降、必要な調整のために相談を続けてもなかなか結論が出なかった、という人は、1月に入ると一気に話が進展するでしょう。自分や他者にストイックな真面目さを求めるのではなく、「どう気楽にやれるか」

「どうしたらみんながラクになるか」というスタンスで調整に臨むと、話がスムーズです。健康状態が優れなかった人は絶対に無理をせず、「時には思いっきり怠けることも大事」と考えると、結果的に早く回復できそうです。

◆ **不思議な再会、再生のドラマ。**
月の下旬、長らく関わっていなかった人との関係が、全く新しい形で「再生」するかもしれません。意外な場所での再会、不思議な邂逅が起こりそうな時期です。過去数年の中で、他者に対する眼差しを大きく変えた人ほど、ここでの邂逅はドラマティックなものとなるでしょう。

♥ **真実の愛のための、本物の勇気。**
愛の世界では、相手に対するのと同じくらい、自分自身と向き合う勇気が必要になります。相手に怒りを感じているつもりで、実は自分自身への苛立ちの投影でしかなかった、ということもあります。本当のことを見つめる勇気を大切に。

### ▶▶ 1月 全体の星模様 ◀◀

12月半ばから射手座で逆行中の水星が2日、順行に戻ります。コミュニケーション上の問題、遠方とのやりとりや移動の問題が解決に向かうでしょう。とはいえ月の半ばまでは、流言飛語の危険も。火星は山羊座で力を増し、権力闘争が煽られます。21日、昨年3月以来二度目の冥王星水瓶座入り、時代の大きな節目に。ただし冥王星の水瓶座入り完了は11月20日、まだ中間地点です。

## 2

### FEBRUARY

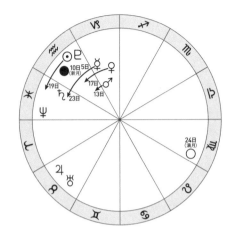

◆**前半の関わり、後半の「享受」。**

月の前半は引き続き、熱く愉快な人間関係が盛り上がります。人
と真剣に、あるいは愛を持って関わることで多くを得られるで
しょう。月の半ば以降は少し状況が落ち着き、人から提供され
た時間や機会、リソースを自分自身のために使えるようになり
ます。経済活動において新たに有利な流れも。

◆**視野の広がりを共有する。**

社会的な関心事、未来のヴィジョンなどについて、パートナー
や身近な人と議論する時間を持てそうです。今は特に視野が広
がる時期ですが、その「広がり」を、日々直接関わっている人々
と共有したくなるのです。身近な人の意見という光が自分のア

イデアを照らすことで、より深い自信を持てたり、軌道修正できたりします。否定されるのでは、という警戒心を、敢えて解除して対話を重ねたい時です。

◈ **大切なメッセージのやりとり。**
10日前後、意外な人から非常に有益なアドバイスをもらい、突破口を発見できそうです。24日前後、朗報が届く気配が。

♥ **熱くゆたかな時間。** ♥ ♥ ♥
1ヵ月を通してとても熱くゆたかな時間となっています。愛を探している人は特に17日頃まで、チャンスが多いでしょう。人からの紹介、マッチングサービスなど、ある意味「正面から」のアプローチに妙味があります。カップルは非常に情熱的で、官能的な時間を楽しめそうです。お互いのために多くの時間を割き、愛を育てていけます。競争相手のようになってしまうと摩擦も多いかもしれませんが、サポート関係を意識すると、より強い絆が生まれます。「タッグ」感を大切に。

### 》》 **2月 全体の星模様**

火星は13日まで、金星は17日まで山羊座に滞在します。2022年の1月から3月頭に起こった出来事をなぞるような、あるいは明確にあの頃の「続き」と感じられるような出来事が起こるかもしれません。さらに月の半ばを過ぎて、社会的に非常にビビッドな転換点が訪れるでしょう。冥王星に火星、金星が重なり、人々の「集合的無意識」が表面化して大きな潮流が生じます。

# 3

## MARCH

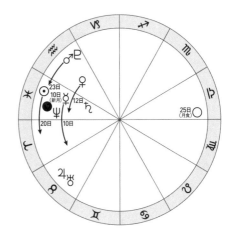

◆**人から「熱いもの」を受け取る。**

熱烈なオファーを受けたり、強く誘われたりと、「人から受け取るもの」が熱い時です。情熱的な人たちの猛プッシュを受け、一人では決して踏み込まなかったような世界に、大きく踏み込んでいくことになります。経済的に熱い変化が起こる気配も。リスクを取って大きなものを手に入れられます。

◆**中旬以降、楽しい旅の時間。**

遠出の機会が増える時ですが、月の上旬は少々不安もあるかもしれません。道を間違えたり、スケジュールを勘違いしたりと、ミスや脱線も多そうです。ただ、そうしたイレギュラーを楽しむ気持ちを持てれば、素敵な発見があるでしょう。中旬に入る

と混乱感は消え、楽しい旅ができるようになります。コミュニケーションもゆたかに広がりますし、勉強や研究など知的活動全般に喜びが多いでしょう。遠い場所との間に、特別な心の橋が架かります。

◈ **身近な人との、「贈り物」のやりとり。**

10日以降、爽やかな忙しさが出てきます。新しい仕事が始まったり、ポジションが変わったりと、フレッシュな変化が起こるでしょう。25日前後、家族や身近な人との関係性が変わります。大ボリュームの「贈与」が起こるかもしれません。

♥ **愛と欲望のドラマ。**

官能的な時間です。パートナーがいる人は、フィジカルな関係がぐっと深まるでしょう。心身が融け合うような素晴らしい時間を過ごせそうです。フリーの人や愛を探している人にも、誘惑の多い時です。真剣な関係だけを望んでいる人はその場の雰囲気に流されないよう、強いコミュニケーションを。

### 》 3月 全体の星模様 《

火星が冥王星と水瓶座に同座し、非常に鉄火な雰囲気が漂います。2023年頃から静かに燃え始めた野心が、最初のハッキリした「発火」を起こしそうです。月の上旬は水星が魚座に位置していて、コミュニケーション上の混乱が起こりやすいかもしれません。10日を境にその混乱がすうっと収まり、かわってとても優しい愛が満ちてきます。共感と信頼、救済の力を感じられます。

## 4

APRIL

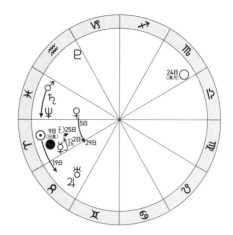

◆**熱い「移動」時間。**

遠出の時です。旅行や出張、留学、引っ越しなど、スケールの
大きな移動が起こります。時間をかけて計画してきたミッショ
ンを、ここで実行に移す人も。行き違いやトラブルもあるかも
しれませんが、柔軟な対応で乗り越えられます。周囲に助けを
求めると、意外なほど親身なサポートを受けられます。

◆**ダラダラするのも仕事のうち。**

仕事や対外的な活動が盛りだくさんなのですが、どうも話がま
とまらなかったり、散漫になったり、進んだと思えば止まった
りと、混乱が多そうです。気合いを入れて前進したいのになぜ
か怠けてしまうなど、緩い時間を過ごす人もいるでしょう。で

すがこの時期は、そうした混乱や緩みが、なぜか必要なのです。うまく進めなくとも自分を責めることなく、じっくり機会を待って。5月には一気に遅れを取り戻せます。

## ◆偶然のようで、偶然ではない。 ★彡★

9日前後、意外な形で新しいミッションがスタートします。いきなりブレイクしたり、抜擢されたりする気配も。古い縁が復活し、そこから新しい活動が始まる可能性もあります。一見偶然のようで、実は偶然ではない、といった展開も。

## ♥自分に嘘をつかなければ、大丈夫。 ♥

24日前後、かなりドラマティックな出来事が起こりそうです。思いを突然伝えることになったり、誰かから熱いアプローチを受けたりするかもしれません。予期せぬ形で愛が動くので、リアクションが不器用になって後悔する人もいそうですが、おそらく「結果オーライ」です。自分の気持ちをごまかさず、正直でいられれば、愛のドラマは好転します。

### 》4月 全体の星模様 《

水星が牡羊座で逆行し、そこに金星が重なります。これは、混乱や緩みが感じられる配置です。年度替わりに「スタートダッシュ！」と意気込んでも、なぜかもたもた、ノロノロするかもしれません。先を急がずどっしり構えることがポイントです。魚座で土星と火星が同座し、ある種の手厳しさが強調されています。不安が反転して怒りが燃え上がるような、「逆ギレ」的展開も。

# 5

MAY

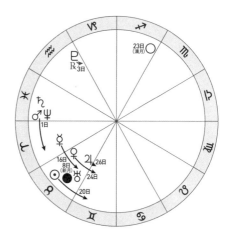

◈ **大切な仲間と共有できる夢。**

濃密な人間関係の時間です。「人に揉まれる」状態になり、人から学び、人から得るものが一気に増えるでしょう。2023年半ば以降、友達が増え、人脈が広がってきたはずですが、その中から今後長く付き合える、真に重要な関係が浮かび上がります。「これから」の計画をたくさん共有できそうです。

◈ **「勝負」の多忙期。**

非常に忙しい時期です。仕事や対外的な活動において、熱い勝負に出られます。遠い未来のことを見据えつつ、「だから今、踏ん張って闘っておかなければならない」という覚悟を決められます。「このハードルを跳べなければ、そもそもあの大きな夢に

は近づけない」といった課題意識を持てます。手加減なしでガンガンチャレンジして結果を出せます。

◈ **大切なものを大切にできる時間へ。**
20日以降、目先のことに囚われず、物事を深く考えられるようになります。あるいは、身近な人からサポートを求められたり、自他のケアをする時間が増える気配も。大切なものに丁寧に時間をかけて向き合い、気づかぬうちに弱っていたものを助け起こせるような時間に入ります。

♥ **愛と、友情と、未来と。** ♥ ♥
愛する人と、未来のことをたくさん語り合えます。語り合うだけでなく、計画を実現するための具体的なアクションを、一緒に起こせる時です。愛を探している人は、たくさんの人々との関わりの中に、愛の芽がきっと見つかります。特に8日前後に、特別な愛の転機が巡ってくるかもしれません。愛の悩みは信頼できる友達に相談してみて。

> **5月 全体の星模様**

牡牛座に星々がぎゅっと集まり、2023年5月からの「牡牛座木星時間」の最終段階に素晴らしい彩りを添えます。約1年頑張ってきたことがここで、非常に華やかな形で「完成」しそうです。牡牛座は物質・お金の星座であり、社会的には経済や金融などの分野で大変化が起こる可能性があります。20日から26日にかけて星々は順次双子座へ移動し、新しい時間が幕を開けます。

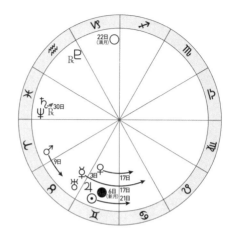

MONTHLY
HOROSCOPE

# 6

## JUNE

◆**チーム内での膿を出す。**

月の上旬はチャレンジの時間です。仕事や対外的な活動におい
て、最後まで闘い抜くことが大事です。月の中旬以降は交友関
係に熱がこもります。仲間内で衝突が起こったり、チームのメン
バーが互いにぶつかり合ったりする場面があるかもしれませ
ん。膿を出して風通しの良い関係を再構築できます。

◆**外部からの力で、難題が解決する。**

6日前後、不思議な問題解決が起こるかもしれません。遠くに
いる恩人が助け船を出してくれたり、専門家の力を借りたりし
て、難問がきれいに消えていきそうです。自分一人では動かせ
なかった大岩が、誰かのサポートでぐっと動きます。

◆ **17日以降、キラキラの時間へ。**

月の前半は、第三者に見えないところでの活動も多そうです。「縁の下の力持ち」的なポジションで汗を流したり、誰かのサポートに力を注いだりと、損得抜きで動くことになるでしょう。17日を境にパッと空気が変わり、にぎやかさが出てきます。なにかと声をかけられたり、意見を求められたりと、活発で明るいコミュニケーションに包まれるでしょう。注目されたり、誘われたり、とにかく楽しくなってきます。

♥ **関係性が大きく変わる気配。**

17日以降、キラキラの愛の時間に入ります。ここから7月半ばまで、カップルもフリーの人も、嬉しいことが多いでしょう。さらに22日前後、愛の関係において大きな進展が起こりそうです。お互いの間にあった距離が突然消え去るような、かなりインパクトの強い変化が起こる可能性も。また、パートナーとの経済的な役割分担を大きく変える人もいそうです。

### 6月 全体の星模様

双子座入りした木星に、水星、金星、太陽が寄り添い、ゆたかなコミュニケーションが発生しそうです。どの星もにぎやかでおしゃべりな傾向があり、あらゆる立場の人が一斉にしゃべり出すような、不思議なかしましさが感じられるでしょう。17日、水星と金星が揃って蟹座に抜けると、騒々しさは少し落ち着くかもしれません。全体に「流言飛語」「舌禍」に気をつけたい時間です。

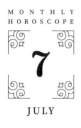

MONTHLY HOROSCOPE

# 7

JULY

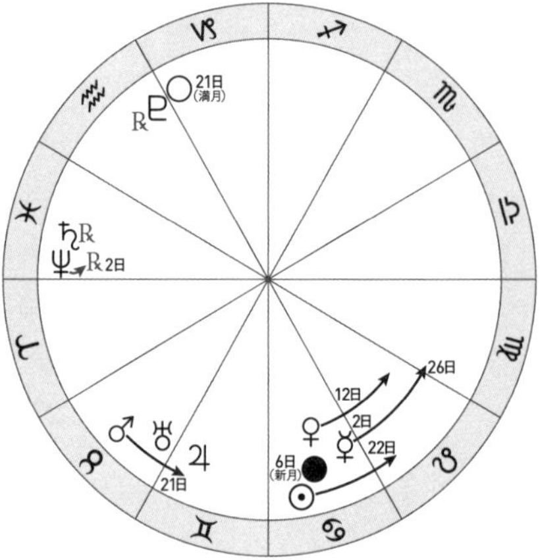


## ◈楽しいスタートライン。 ★★★

月の前半はとても楽しい、明るい時間となっています。新しいことが次々に始まりますし、「これから」の計画がどんどん持ち上がり、胸に希望が満ちてきます。6日前後、特別なスタートラインに立つ人も。ずっと行きたかった場所に向けて出発する人、新しい勉強を始める人もいるかもしれません。

## ◈尖った個性のぶつけ合い。

月の中旬まで、仲間や友達との関係が少々ヒートアップするかもしれません。お互いにびっくりするほど熱く気持ちをぶつけ合い、最終的には新たな絆を強く結び直せるでしょう。理解し合うためにケンカできる時です。一方、電撃的に新しい友達が

できる時でもあります。びっくりするほど個性的な人に出会い、あなたも尖った個性を引き出してもらえるかも。

## ◆「隠れた悩み」と向き合う。

21日以降、9月頭にかけて「隠れた問題を解決する」レールに乗ります。慢性的な悩みに、正面から向き合えます。

## ♥ モヤモヤは、整理してからぶつける。　♥ ♥ ♥

12日まで、キラキラの愛の時間となっています。フリーの人もカップルも、嬉しいことが多いでしょう。6日前後、21日前後は、意外な出会いの気配もあります。一気にぐっと距離が近くなるので「場の雰囲気に流された、本意ではなかった」といった展開にならないよう、「自分」をしっかり持ちたいところです。月の半ば以降、パートナーがいる人は、相手への少しモヤモヤした気持ちがくすぶるかもしれません。まとまりのないモヤモヤをそのままぶつけず、時間をかけて気持ちをしっかり整理してから、コミュニケーションを。

### ▶▶▶ 7月 全体の星模様 ◀

牡牛座の火星が天王星に重なり「爆発的」な雰囲気です。特に経済活動に関して、驚きの変化が起こりそうです。蓄積されてきたエネルギーに火がつく節目です。21日、火星は木星が待っている双子座に入ります。この21日は今年二度目の山羊座の満月で、水瓶座に移動完了しつつある冥王星と重なっていて、こちらも相当爆発的です。世の中がガラッと変わるような大ニュースも。

# 8

AUGUST

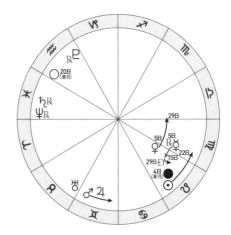

◆隠れた問題を徹底解決。

「隠れた問題と向き合う」時間が9月頭まで続いています。第三者からは見えないところで慢性的にくすぶっていた問題を、ここで根本解決できそうです。根っこの根っこまでどんどん掘り下げると、問題の原因は非常に意外なところにあるのがわかるかもしれません。心のインフラを整備できる時です。

◆懐かしい人々との対話。

懐かしい人から連絡が来るかもしれません。また、自分から古い友人知己にメッセージを送りたくなるかもしれません。かつてのコミュニケーションが復活し、そこに新しい情愛が湧き上がります。今身近にいる人にはなかなか理解されないことが、昔

48

の友達にはわかってもらえる、といったこともあるかもしれません。時間を遡って受け止めてもらえることで、心の疲労がじわじわと回復するようです。

◆経済的に「戻ってくるもの」。

4日前後、素敵なものが手に入りそうです。また、15日以降、なくしたものが出てきます。損を取り返すような流れも。

❤全力で助け合える。 ❤ ❤

助けたり助けられたりする時間です。パートナーがいる人は特に、相手が全力で救いの手を差し伸べてくれる気配があります。または、あなた自身が手加減なしで相手を救い出すことになるのかもしれません。この時期の助け合いには、「片手間にちょっとやる」ような感じが微塵もありません。ある程度以上に自分の日常を犠牲にし、何の見返りも期待せずに、相手のことだけを考えられる時なのです。愛を探している人も、かなり密度の濃い助け合いの中から愛が芽生えるかも。

### ≫ 8月 全体の星模様 ≪

双子座に火星と木星が同座し、あらゆる意味で「熱い」時期となっています。荒ぶるエネルギーが爆発するようなイメージの配置で、普段抱えている不満や問題意識がはじけ飛んだようなアクションを起こせそうです。徹底的な交渉の上で要求を通せます。一方、5日から29日まで水星が乙女座－獅子座にまたがって逆行します。金星も重なっていて、少々グダグダになる雰囲気も。

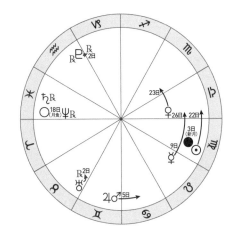

## ◆家の中が明るくなる。

家に帰るのが楽しみになるかもしれません。身近な人との関係
が好転したり、家の中に何かかわいいもの、面白いものが増え
て、生活全体が明るく照らされる、といったことが起こりやす
い時です。新しい家具や家電を導入するなど、物理的に「居場
所が美しくなる」展開も。理想の住環境を作れます。

## ◆自ら動いて、エネルギーを燃やす。 ✊✊✊

5日から11月頭にかけて「闘いの時間」となります。自分から
ガンガン勝負に出て、勝利できる時です。特に「自分を変えた
い」「このままでいたくない」と思っている人にとっては、新し
いことを始めるチャンスです。エクササイズや勉強、なんらか

50

の練習、訓練などにストイックに取り組み、結果を出せます。この時期何もせずにじっとしていると、妙に苛立ったり、焦りを感じたりするかもしれません。少し身体を動かすだけでも、感情の高ぶりが収まります。イライラしたら、とにかく外に出て、動いてみて。いい意味で「犬も歩けば棒に当たる」が当てはまる時間帯です。

**♥ 情熱を生きる時間へ。**

情熱的な時間です。自分から積極的に動き、愛のドラマを進展させることができます。ただ、この時期はパワーのコントロールが難しかったり、一時的な感情の盛り上がりに飲み込まれて、後になって「なぜあんなことを？」と自分でも不思議になったりするような展開になりやすいようです。過剰に自分を抑制する必要はありませんが、「テンションが上がりすぎているかも」「いつもの自分と違いすぎるかも」と思えたら、一呼吸置く工夫を。月末以降、さらに愛のドラマのボルテージが上がります。

### ▶▶▶ 9月 全体の星模様 ◀

双子座で木星と同座していた火星が蟹座に抜け、ヒートアップした雰囲気が一段落します。金星は既に天秤座に「帰宅」しており、水星も順行に戻って9日から乙女座入り、オウンサインです。水星も金星も自分の支配する星座で、その力がストレートに出やすいとされる配置になります。コミュニケーションやビジネス、交渉や人間関係全般が、軌道修正の流れに乗ります。

# 10
## OCTOBER

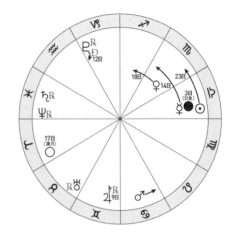

◆**勇気を出して「自分」を出す。**

「闘いの時間」の中にあります。自分自身との闘い、誰かとの真
剣勝負、なんらかの限界を超える試みを続けている人が多いで
しょう。11月頭までの中で、思い切った挑戦をして大勝利できま
す。この時期は特に「才能・個性を活かす」ことが勝負の核
となるようです。自分を出すことを恐れないで。

◆**ひたむきであること。** ★彡★彡★彡

好きなこと、やりたいことにガンガン打ち込める時です。クリ
エイティブな活動に取り組んでいる人には、大きなチャンスが
巡ってくるかもしれません。この時期は何事も「上手にやる」
「きれいにまとめる」ことができません。はみ出したり、格好悪

52

かったりするほうが、むしろこの時期に合っているのです。大事なのはひたむきさ、真剣さだけです。

◆ **17日頃に「結果が出る」。**
3日前後、居場所に不思議な新風が吹き込みます。17日前後、頑張ってきたことが大きく報われるかもしれません。

♥ **「逸脱」こそが最大の武器。**
熱い愛の時間が続いています。積極的にガンガン動いて、愛をものにできる時です。先月に引き続き、愛の感情のコントロールが難しいかもしれませんし、愛のアクションを起こすとほぼ「やりすぎ」になってしまうかもしれませんが、そうした過剰さ、バランスの悪さが実は、この時期のあなたの最大の強みであるようです。過不足なく、優等生的に振る舞っていても、大切なことは何も伝わらないのです。どこか逸脱した部分があって初めて、愛の物語が進展します。自分の中の過剰さを過度に恐れず、勇気を出してぶつかってみて。

≫ **10月 全体の星模様**

引き続き、火星が蟹座に位置し、金星は蠍座に入っています。太陽は天秤座で、これらの配置は全て「ちょっと変則的な面が出る」形とされています。エネルギーが暴走したり、タイミングがズレたりと、想定外の展開が多そうですが、そうしたはみ出る部分、過剰な部分がむしろ、物事の可能性を広げてくれます。3日は天秤座での日食、南米などで金環日食が見られます。

# 11

## NOVEMBER

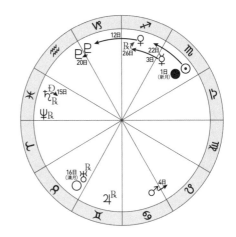

◆月半ば以降、和解の時間。　★彡★彡

9月頭からの熱い「勝負」の時間が4日で一段落します。年明け
から「第二弾」が展開しますが、まずはホッとひと息つけそう
です。誰かと衝突したり、人間関係上の複雑な問題に巻き込ま
れたりしていた人は、今月中にその問題の根っこにあるものを
手放せます。中旬から下旬、和解の時間です。

◆先を急がず、ちゃんと時間をかける。

これまで忙しかった分、「気が抜けた」ような状態になる人も多
そうです。やるべきことが山積みなのになんとなく怠けてしま
ったり、作業がどんどん遅れたりと、「これではいけない」とい
う焦りも強まるかもしれません。でも、実はこの時期は、少し

ゆるいくらいでちょうどいいのです。焦って先を急ごうとすると、むしろ勘違いや早合点など、躓（つまず）きが多くなります。先を急がず、じっくりゆっくり進むことが大事です。

◆夢に手が届く。

16日前後、夢に大きく一歩近づく場面がありそうです。数年かけて挑戦してきたテーマがある人は、大進展の時です。

♥複雑な心情的「縛り」がほどける。 ♥ ♥

柔らかな愛の時間です。特に12日以降、パートナーシップに愛が溢れます。2008年頃から慢性的な問題を抱えていた人も、今月を最後に心に翼が生えたように、「解放」を感じられるでしょう。より自由に、軽やかに愛の関係を紡げるようになるはずです。愛を探している人は、1日前後、そして12日以降に強い追い風が吹きます。人をしっかり見つめる目を持つこと、相手のニーズを理解しようとすることが、この時期の愛を進展させるコツです。

>> 11月 全体の星模様 <<

火星は4日から1月6日まで獅子座に滞在し、さらに逆行を経て2025年4月18日から6月17日まで長期滞在します。2025年半ばまでの中で、二段階にわたる「勝負」ができる時と言えます。射手座の水星と双子座の木星は、互いに支配星を交換するような「ミューチュアル・リセプション」の位置関係になります。錯綜するニュースがセンセーショナルに注目されそうです。

# 12

## DECEMBER

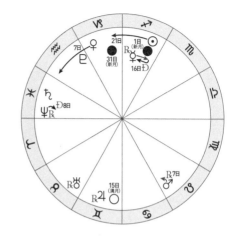

◆**生活と体調を整合させる。**

心身のコンディションを考える時です。普段疲労やストレスを
溜め込んでいる人は、体調を崩しやすい時なのです。不調の時
はじっくり休み、セルフケアに時間をかける必要があります。生
活の中に潜む問題点、非合理や理不尽を洗い出し、根本的に見
直すことができます。周囲とも役割分担の調整を。

◆**掴み取る力、受け取る力。** ¥ ¥ ¥

経済活動が熱く盛り上がっています。自分自身の手で掴み取れ
るものがたくさんある一方で、人から贈られるもの、提供して
もらえるものもとてもゆたかです。「自分の力だけでできている
わけではない」ということを強く意識することで、「贈られるも

の」が増えていくでしょう。感謝の念は強く伝えることが大事ですし、人の好意は遠慮せず丁寧に受け取ることも、状況を好転させるポイントです。

### ◎不思議な問題解決の瞬間。

1日前後、新しい役割を引き受けることになるかもしれません。15日前後には不思議な問題解決が起こる気配が。年末年始は公私ともに、特別な出会いに恵まれそうです。

### ♥自分自身のニーズを生きる。

7日までキラキラの愛の季節が続いています。さらに年末年始、不思議な出会いや邂逅があるかもしれません。12月を通して、とても官能的な季節です。互いのニーズが熱く融け合い、満たし合えます。フリーの人は誘惑の多い時期です。自分自身の望み、ニーズを深く理解しておくことがとても大切です。雰囲気や他人の意図にただ流されて後悔することのないよう、自分のことを自分で決める軸を強く持ちたい時です。

### 》》12月 全体の星模様《

水星は16日まで射手座で逆行します。「流言飛語による混乱」を感じさせる形です。コミュニケーションや交通機関にまつわる混乱が起こりやすいかもしれません。火のないところにウワサが立って大きくなる時なので「舌禍」に気をつけたいところです。水瓶座入りしたばかりの冥王星に、獅子座の火星が180度でアプライ（接近）します。欲望や戦意が荒ぶる高揚を見せそうです。

# 月と星で読む
# 蟹座 366日のカレンダー

## ◆月の巡りで読む、12 種類の日。

　毎日の占いをする際、最も基本的な「時計の針」となるのが、月の動きです。「今日、月が何座にいるか」がわかれば、今日のあなたの生活の中で、どんなテーマにスポットライトが当たっているかがわかります（P.64からの「366日のカレンダー」に、毎日の月のテーマが書かれています。🌙マークは新月や満月など、◆マークは星の動きです）。

　本書では、月の位置による「その日のテーマ」を、右の表のように表しています。

　月は1ヵ月で12星座を一回りするので、一つの星座に2日半ほど滞在します。ゆえに、右の表の「○○の日」は、毎日変わるのではなく、2日半ほどで切り替わります。

　月が星座から星座へと移動するタイミングが、切り替えの時間です。この「切り替えの時間」はボイドタイムの終了時間と同じです。

1. **スタートの日**：物事が新しく始まる日。
「仕切り直し」ができる、フレッシュな雰囲気の日。

2. **お金の日**：経済面・物質面で動きが起こりそうな日。
自分の手で何かを創り出せるかも。

3. **メッセージの日**：素敵なコミュニケーションが生まれる。
外出、勉強、対話の日。待っていた返信が来る。

4. **家の日**：身近な人や家族との関わりが豊かになる。
家事や掃除など、家の中のことをしたくなるかも。

5. **愛の日**：恋愛他、愛全般に追い風が吹く日。
好きなことができる。自分の時間を作れる。

6. **メンテナンスの日**：体調を整えるために休む人も。
調整や修理、整理整頓、実務などに力がこもる。

7. **人に会う日**：文字通り「人に会う」日。
人間関係が活性化する。「提出」のような場面も。

8. **プレゼントの日**：素敵なギフトを受け取れそう。
他人のアクションにリアクションするような日。

9. **旅の日**：遠出することになるか、または、
遠くから人が訪ねてくるかも。専門的学び。

10. **達成の日**：仕事や勉強など、頑張ってきたことについて、
何らかの結果が出るような日。到達。

11. **友だちの日**：交友関係が広がる、賑やかな日。
目指している夢や目標に一歩近づけるかも。

12. **ひみつの日**：自分一人の時間を持てる日。
自分自身としっかり対話できる。

**◆太陽と月と星々が巡る「ハウス」のしくみ。**

　前ページの、月の動きによる日々のテーマは「ハウス」というしくみによって読み取れます。

　「ハウス」は、「世俗のハウス」とも呼ばれる、人生や生活の様々なイベントを読み取る手法です。12星座の一つ一つを「部屋」に見立て、そこに星が出入りすることで、その時間に起こる出来事の意義やなりゆきを読み取ろうとするものです。

　自分の星座が「第1ハウス」で、そこから反時計回りに12まで数字を入れてゆくと、ハウスの完成です。

第1ハウス：「自分」のハウス
第2ハウス：「生産」のハウス
第3ハウス：「コミュニケーション」のハウス
第4ハウス：「家」のハウス
第5ハウス：「愛」のハウス
第6ハウス：「任務」のハウス
第7ハウス：「他者」のハウス
第8ハウス：「ギフト」のハウス
第9ハウス：「旅」のハウス
第10ハウス：「目標と結果」のハウス
第11ハウス：「夢と友」のハウス
第12ハウス：「ひみつ」のハウス

例：蟹座の人の場合

自分の星座が
第1ハウス　　　反時計回り

たとえば、今日の月が射手座に位置していたとすると、この日は「第6ハウスに月がある」ということになります。

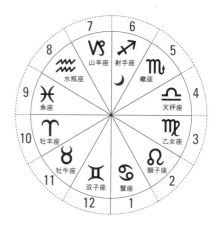

前々ページの「○○の日」の前に打ってある数字は、実はハウスを意味しています。「第6ハウスに月がある」日は、「6. メンテナンスの日」です。

太陽と月、水星から海王星までの惑星、そして準惑星の冥王星が、この12のハウスをそれぞれのスピードで移動していきます。「どの星がどのハウスにあるか」で、その時間のカラーやそのとき起こっていることの意味を、読み解くことができるのです。詳しくは『星読み+ 2022〜2032年データ改訂版』(幻冬舎コミックス刊)、または『月で読むあしたの星占い』(すみれ書房刊)でどうぞ！

# 1 ·JANUARY·

**1** 月
メッセージの日
待っていた朗報が届く。勉強が捗る。外に出たくなる日。

**2** 火
メッセージの日
待っていた朗報が届く。勉強が捗る。外に出たくなる日。
◆水星が「任務」のハウスで順行へ。体調が整い、やるべきことがハッキリ見えてくる。

**3** 水
メッセージの日 ▶ 家の日　　　　　　　　　　[ボイド] 08:38〜09:48
生活環境や身内に目が向かう。原点回帰。

**4** 木
●家の日
「普段の生活」が充実。身内との関係強化。環境改善ができる。
◆火星が「他者」のハウスへ。摩擦を怖れぬ対決。一対一の勝負。攻めの交渉。他者からの刺激。

**5** 金
家の日 ▶ 愛の日　　　　　　　　　　　　　[ボイド] 20:42〜21:41
愛の追い風が吹く。好きなことができる。

**6** 土
愛の日
愛について嬉しいことがある。子育て、趣味、創作にも追い風が。

**7** 日
愛の日
愛について嬉しいことがある。子育て、趣味、創作にも追い風が。

**8** 月
愛の日 ▶ メンテナンスの日　　　　　　　　[ボイド] 05:24〜06:10
「やりたいこと」から「やるべきこと」へのシフト。

**9** 火
メンテナンスの日
生活や心身の故障部分を修理できる。ケアしたり、されたり。

**10** 水
メンテナンスの日 ▶ 人に会う日　　　　　　[ボイド] 03:26〜10:35
「自分の世界」から「外界」へ出るような節目。

**11** 木
●人に会う日
人に会ったり、会う約束をしたりする日。出会いの気配も。
◗「他者」のハウスで新月。出会いのとき。誰かとの関係が刷新。未来への約束を交わす。

**12** 金
人に会う日 ▶ プレゼントの日　　　　　　　[ボイド] 11:35〜12:03
他者との関係に、さらに一歩踏み込めるように。

**13** 土
プレゼントの日　　　　　　　　　　　　　　[ボイド] 19:00〜
人から貴重なものを受け取れる。提案を受ける場面も。

**14** 日
プレゼントの日 ▶ 旅の日　　　　　　　　　[ボイド] 〜12:31
遠い場所との間に、橋が架かり始める。
◆水星が「他者」のハウスへ。正面から向き合う対話。調整のための交渉。若い人との出会い。

**15** 月
旅の日
遠出したり、遠くから人が訪ねてくれたりする日。発信力も増す。

**16** 火
旅の日 ▶ 達成の日　　　　　　　　　　　　[ボイド] 13:34〜13:50
意欲が湧く。はっきりした成果が出る時間へ。

**17** 水 達成の日
目標に手が届く。結果が出る日。人から認められる場面も。

**18** 木 ●達成の日 ▶ 友だちの日      [ボイド] 17:04〜17:14
肩の力が抜け、伸びやかな気持ちになれる。

**19** 金 友だちの日
未来のプランを立てる。友だちと過ごせる。チームワーク。

**20** 土 友だちの日 ▶ ひみつの日      [ボイド] 22:59〜23:00
ざわめきから少し離れたくなる。自分の時間。
◆太陽が「ギフト」のハウスへ。1年のサイクルの中で経済的授受のバランスを見直すとき。

**21** 日 ひみつの日
一人の時間。過去を振り返り、戦略を練る。自分を大事にする。
◆冥王星が「ギフト」のハウスへ。ここから2043年頃にかけ、巨大なギフトを受け取ることになる。

**22** 月 ひみつの日
一人の時間。過去を振り返り、戦略を練る。自分を大事にする。

**23** 火 ひみつの日 ▶ スタートの日      [ボイド] 05:42〜06:52
新しいことを始めやすい時間に切り替わる。
◆金星が「他者」のハウスへ。人間関係から得られる喜び。愛あるパートナーシップ。

**24** 水 スタートの日
主役の意識で動く。新しい選択肢を選べる。気持ちが切り替わる。

**25** 木 スタートの日 ▶ お金の日      [ボイド] 08:00〜16:38
物質面・経済活動が活性化する時間に入る。

**26** 金 ○お金の日
いわゆる「金運がいい」日。実入りが良く、いい買い物もできそう。
●「生産」のハウスで満月。経済的・物質的な努力が実り、収穫が得られる。豊かさ、満足。

**27** 土 お金の日      [ボイド] 06:21〜
いわゆる「金運がいい」日。実入りが良く、いい買い物もできそう。
◆天王星が「夢と友」のハウスで順行へ。真の自由を目指して、行動を再開できる。

**28** 日 お金の日 ▶ メッセージの日      [ボイド] 〜04:13
「動き」が出てくる。コミュニケーションの活性。

**29** 月 メッセージの日
待っていた朗報が届く。勉強が捗る。外に出たくなる日。

**30** 火 メッセージの日 ▶ 家の日      [ボイド] 08:22〜17:06
生活環境や身内に目が向かう。原点回帰。

**31** 水 家の日
「普段の生活」が充実。身内との関係強化。環境改善ができる。

# 2 ·FEBRUARY·

**1** 木
家の日 [ボイド] 18:05〜
「普段の生活」が充実。身内との関係強化。環境改善ができる。

**2** 金
家の日 ▶ 愛の日 [ボイド] 〜05:39
愛の追い風が吹く。好きなことができる。

**3** 土
◑愛の日
愛について嬉しいことがある。子育て、趣味、創作にも追い風が。

**4** 日
愛の日 ▶ メンテナンスの日 [ボイド] 12:26〜15:30
「やりたいこと」から「やるべきこと」へのシフト。

**5** 月
メンテナンスの日
生活や心身の故障部分を修理できる。ケアしたり、されたり。
◆水星が「ギフト」のハウスへ。利害のマネジメント。コンサルテーション。カウンセリング。

**6** 火
メンテナンスの日 ▶ 人に会う日 [ボイド] 14:08〜21:10
「自分の世界」から「外界」へ出るような節目。

**7** 水
人に会う日
人に会ったり、会う約束をしたりする日。出会いの気配も。

**8** 木
人に会う日 ▶ プレゼントの日 [ボイド] 16:54〜23:01
他者との関係に、さらに一歩踏み込めるように。

**9** 金
プレゼントの日
人から貴重なものを受け取れる。提案を受ける場面も。

**10** 土
●プレゼントの日 ▶ 旅の日 [ボイド] 08:01〜22:44
遠い場所との間に、橋が架かり始める。
☽「ギフト」のハウスで新月。心の扉を開く。誰かに導かれての経験。
ギフトから始まること。

**11** 日
旅の日
遠出したり、遠くから人が訪ねてくれたりする日。発信力も増す。

**12** 月
旅の日 ▶ 達成の日 [ボイド] 21:33〜22:27
意欲が湧く。はっきりした成果が出る時間へ。

**13** 火
達成の日
目標に手が届く。結果が出る日。人から認められる場面も。
◆火星が「ギフト」のハウスへ。誘惑と情熱の呼応。生命の融合。
精神的支配。配当。負債の解消。

**14** 水
達成の日 [ボイド] 19:22〜
目標に手が届く。結果が出る日。人から認められる場面も。

**15** 木
達成の日 ▶ 友だちの日 [ボイド] 〜00:04
肩の力が抜け、伸びやかな気持ちになれる。

**16** 金
友だちの日
未来のプランを立てる。友だちと過ごせる。チームワーク。

**17** 土
●友だちの日 ▶ ひみつの日　　　　　　　　[ボイド] 00:02〜04:41
ざわめきから少し離れたくなる。自分の時間。
◆金星が「ギフト」のハウスへ。欲望の解放と調整、他者への要求、
他者からの要求。甘え。

**18** 日
ひみつの日
一人の時間。過去を振り返り、戦略を練る。自分を大事にする。

**19** 月
ひみつの日 ▶ スタートの日　　　　　　　　[ボイド] 12:22〜12:26
新しいことを始めやすい時間に切り替わる。
◆太陽が「旅」のハウスへ。1年のサイクルの中で「精神的成長」を
確認するとき。

**20** 火
スタートの日
主役の意識で動く。新しい選択肢を選べる。気持ちが切り替わる。

**21** 水
スタートの日 ▶ お金の日　　　　　　　　　[ボイド] 15:39〜22:42
物質面・経済活動が活性化する時間に入る。

**22** 木
お金の日
いわゆる「金運がいい」日。実入りが良く、いい買い物もできそう。

**23** 金
お金の日　　　　　　　　　　　　　　　　[ボイド] 13:19〜
いわゆる「金運がいい」日。実入りが良く、いい買い物もできそう。
◆水星が「旅」のハウスへ。軽やかな旅立ち。勉強や研究に追い風
が。導き手に恵まれる。

**24** 土
○お金の日 ▶ メッセージの日　　　　　　　[ボイド] 〜10:39
「動き」が出てくる。コミュニケーションの活性。
☽「コミュニケーション」のハウスで満月。重ねてきた勉強や対話が
実を結ぶとき。意思疎通が叶う。

**25** 日
メッセージの日
待っていた朗報が届く。勉強が捗る。外に出たくなる日。

**26** 月
メッセージの日 ▶ 家の日　　　　　　　　　[ボイド] 16:37〜23:31
生活環境や身内に目が向かう。原点回帰。

**27** 火
家の日
「普段の生活」が充実。身内との関係強化。環境改善ができる。

**28** 水
家の日　　　　　　　　　　　　　　　　　[ボイド] 03:23〜
「普段の生活」が充実。身内との関係強化。環境改善ができる。

**29** 木
家の日 ▶ 愛の日　　　　　　　　　　　　　[ボイド] 〜12:11
愛の追い風が吹く。好きなことができる。

# 3 ·MARCH·

**1** 金　愛の日
愛について嬉しいことがある。子育て、趣味、創作にも追い風が。

**2** 土　愛の日 ▶ メンテナンスの日　　　　　　　[ボイド] 16:49〜22:58
「やりたいこと」から「やるべきこと」へのシフト。

**3** 日　メンテナンスの日
生活や心身の故障部分を修理できる。ケアしたり、されたり。

**4** 月　◗ メンテナンスの日
生活や心身の故障部分を修理できる。ケアしたり、されたり。

**5** 火　メンテナンスの日 ▶ 人に会う日　　　　　　[ボイド] 00:42〜06:17
「自分の世界」から「外界」へ出るような節目。

**6** 水　人に会う日
人に会ったり、会う約束をしたりする日。出会いの気配も。

**7** 木　人に会う日 ▶ プレゼントの日　　　　　　　[ボイド] 04:37〜09:40
他者との関係に、さらに一歩踏み込めるように。

**8** 金　プレゼントの日
人から貴重なものを受け取れる。提案を受ける場面も。

**9** 土　プレゼントの日 ▶ 旅の日　　　　　　　　　[ボイド] 03:57〜10:05
遠い場所との間に、橋が架かり始める。

**10** 日　● 旅の日
遠出したり、遠くから人が訪ねてくれたりする日。発信力も増す。
◆水星が「目標と結果」のハウスへ。ここから忙しくなる。新しい課題、ミッション、使命。◗「旅」のハウスで新月。旅に出発する。専門分野を開拓し始める。矢文を放つ。

**11** 月　旅の日 ▶ 達成の日　　　　　　　　　　　[ボイド] 04:47〜09:21
意欲が湧く。はっきりした成果が出る時間へ。

**12** 火　達成の日　　　　　　　　　　　　　　　　[ボイド] 20:10〜
目標に手が届く。結果が出る日。人から認められる場面も。
◆金星が「旅」のハウスへ。楽しい旅の始まり、旅の仲間。研究の果実。距離を越える愛。

**13** 水　達成の日 ▶ 友だちの日　　　　　　　　　[ボイド] 〜09:30
肩の力が抜け、伸びやかな気持ちになれる。

**14** 木　友だちの日
未来のプランを立てる。友だちと過ごせる。チームワーク。

**15** 金　友だちの日 ▶ ひみつの日　　　　　　　　[ボイド] 07:31〜12:17
ざわめきから少し離れたくなる。自分の時間。

**16** 土　ひみつの日
一人の時間。過去を振り返り、戦略を練る。自分を大事にする。

**17** 日　◖ ひみつの日 ▶ スタートの日　　　　　　[ボイド] 13:45〜18:42
新しいことを始めやすい時間に切り替わる。

| **18** | 月 | スタートの日<br>主役の意識で動く。新しい選択肢を選べる。気持ちが切り替わる。 |
|---|---|---|
| **19** | 火 | スタートの日<br>主役の意識で動く。新しい選択肢を選べる。気持ちが切り替わる。 |
| **20** | 水 | スタートの日 ▶ お金の日　　　　　　　　　　［ボイド］03:54〜04:34<br>物質面・経済活動が活性化する時間に入る。<br>◆太陽が「目標と結果」のハウスへ。1年のサイクルの中で「目標と達成」を確認するとき。 |
| **21** | 木 | お金の日<br>いわゆる「金運がいい」日。実入りが良く、いい買い物もできそう。 |
| **22** | 金 | お金の日 ▶ メッセージの日　　　　　　　　　［ボイド］15:36〜16:43<br>「動き」が出てくる。コミュニケーションの活性。 |
| **23** | 土 | メッセージの日<br>待っていた朗報が届く。勉強が捗る。外に出たくなる日。<br>◆火星が「旅」のハウスへ。ここから「遠征」「挑戦の旅」に出発する人も。学びへの情熱。 |
| **24** | 日 | メッセージの日<br>待っていた朗報が届く。勉強が捗る。外に出たくなる日。 |
| **25** | 月 | ○メッセージの日 ▶ 家の日　　　　　　　　　［ボイド］00:51〜05:39<br>生活環境や身内に目が向かう。原点回帰。<br>☽「家」のハウスで月食。居場所や家族に関して、特別な変化が起こるかも。大切な節目。 |
| **26** | 火 | 家の日<br>「普段の生活」が充実。身内との関係強化。環境改善ができる。 |
| **27** | 水 | 家の日 ▶ 愛の日　　　　　　　　　　　　　［ボイド］08:11〜18:04<br>愛の追い風が吹く。好きなことができる。 |
| **28** | 木 | 愛の日<br>愛について嬉しいことがある。子育て、趣味、創作にも追い風が。 |
| **29** | 金 | 愛の日<br>愛について嬉しいことがある。子育て、趣味、創作にも追い風が。 |
| **30** | 土 | 愛の日 ▶ メンテナンスの日　　　　　　　　　［ボイド］00:41〜04:53<br>「やりたいこと」から「やるべきこと」へのシフト。 |
| **31** | 日 | メンテナンスの日<br>生活や心身の故障部分を修理できる。ケアしたり、されたり。 |

# 4 ·APRIL·

**1** 月 メンテナンスの日 ▶ 人に会う日        [ボイド] 09:18〜13:07
「自分の世界」から「外界」へ出るような節目。

**2** 火 ◑人に会う日
人に会ったり、会う約束をしたりする日。出会いの気配も。
◆水星が「目標と結果」のハウスで逆行開始。仕事や対外的な活動における「見直し」期間へ。

**3** 水 人に会う日 ▶ プレゼントの日        [ボイド] 14:42〜18:09
他者との関係に、さらに一歩踏み込めるように。

**4** 木 プレゼントの日
人から貴重なものを受け取れる。提案を受ける場面も。

**5** 金 プレゼントの日 ▶ 旅の日        [ボイド] 14:41〜20:14
遠い場所との間に、橋が架かり始める。
◆金星が「目標と結果」のハウスへ。目標達成と勲章。気軽に掴めるチャンス。嬉しい配役。

**6** 土 旅の日
遠出したり、遠くから人が訪ねてくれたりする日。発信力も増す。

**7** 日 旅の日 ▶ 達成の日        [ボイド] 17:29〜20:26
意欲が湧く。はっきりした成果が出る時間へ。

**8** 月 達成の日
目標に手が届く。結果が出る日。人から認められる場面も。

**9** 火 ●達成の日 ▶ 友だちの日        [ボイド] 11:40〜20:25
肩の力が抜け、伸びやかな気持ちになれる。
☽「目標と結果」のハウスで日食。ロングスパンで見て重要なミッションがスタートする。

**10** 水 友だちの日
未来のプランを立てる。友だちと過ごせる。チームワーク。

**11** 木 友だちの日 ▶ ひみつの日        [ボイド] 19:06〜22:00
ざわめきから少し離れたくなる。自分の時間。

**12** 金 ひみつの日
一人の時間。過去を振り返り、戦略を練る。自分を大事にする。

**13** 土 ひみつの日        [ボイド] 23:48〜
一人の時間。過去を振り返り、戦略を練る。自分を大事にする。

**14** 日 ひみつの日 ▶ スタートの日        [ボイド] 〜02:47
新しいことを始めやすい時間に切り替わる。

**15** 月 スタートの日
主役の意識で動く。新しい選択肢を選べる。気持ちが切り替わる。

**16** 火 ●スタートの日 ▶ お金の日        [ボイド] 08:24〜11:26
物質面・経済活動が活性化する時間に入る。

**17** 水  
お金の日  
いわゆる「金運がいい」日。実入りが良く、いい買い物もできそう。

**18** 木  
お金の日 ▶ メッセージの日 　　　　　　　　　　[ボイド] 21:04〜23:12  
「動き」が出てくる。コミュニケーションの活性。

**19** 金  
メッセージの日  
待っていた朗報が届く。勉強が捗る。外に出たくなる日。  
◆太陽が「夢と友」のハウスへ。1年のサイクルの中で「友」「未来」に目を向ける季節へ。

**20** 土  
メッセージの日  
待っていた朗報が届く。勉強が捗る。外に出たくなる日。

**21** 日  
メッセージの日 ▶ 家の日 　　　　　　　　　　[ボイド] 09:21〜12:10  
生活環境や身内に目が向かう。原点回帰。

**22** 月  
家の日  
「普段の生活」が充実。身内との関係強化。環境改善ができる。

**23** 火  
家の日 　　　　　　　　　　　　　　　　　　　　[ボイド] 08:26〜  
「普段の生活」が充実。身内との関係強化。環境改善ができる。

**24** 水  
○家の日 ▶ 愛の日 　　　　　　　　　　　　　　[ボイド] 〜00:21  
愛の追い風が吹く。好きなことができる。  
🌙「愛」のハウスで満月。愛が「満ちる」「実る」とき。クリエイティブな作品の完成。

**25** 木  
愛の日  
愛について嬉しいことがある。子育て、趣味、創作にも追い風。  
◆水星が「目標と結果」のハウスで順行へ。仕事や対外的活動に関する足止めが解除される。

**26** 金  
愛の日 ▶ メンテナンスの日 　　　　　　　　　　[ボイド] 08:18〜10:39  
「やりたいこと」から「やるべきこと」へのシフト。

**27** 土  
メンテナンスの日  
生活や心身の故障部分を修理できる。ケアしたり、されたり。

**28** 日  
メンテナンスの日 ▶ 人に会う日 　　　　　　　　[ボイド] 16:33〜18:39  
「自分の世界」から「外界」へ出るような節目。

**29** 月  
人に会う日  
人に会ったり、会う約束をしたりする日。出会いの気配も。  
◆金星が「夢と友」のハウスへ。友や仲間との交流が華やかに。「恵み」を受け取れる。

**30** 火  
人に会う日  
人に会ったり、会う約束をしたりする日。出会いの気配も。

# 5 ・MAY・

| | | |
|---|---|---|
| **1** | 水 | ◑ 人に会う日 ▶ プレゼントの日　　　　　　　　　[ボイド] 00:20〜00:21<br>他者との関係に、さらに一歩踏み込めるように。<br>◆火星が「目標と結果」のハウスへ。キャリアや社会的立場における「勝負」の季節へ。挑戦の時間。 |
| **2** | 木 | プレゼントの日　　　　　　　　　　　　　　　　　[ボイド] 18:30〜<br>人から貴重なものを受け取れる。提案を受ける場面も。 |
| **3** | 金 | プレゼントの日 ▶ 旅の日　　　　　　　　　　　　[ボイド] 〜03:53<br>遠い場所との間に、橋が架かり始める。<br>◆冥王星が「ギフト」のハウスで逆行開始。心の中にある「欲望の容れ物」をかき回す。 |
| **4** | 土 | 旅の日<br>遠出したり、遠くから人が訪ねてくれたりする日。発信力も増す。 |
| **5** | 日 | 旅の日 ▶ 達成の日　　　　　　　　　　　　　　　[ボイド] 04:08〜05:42<br>意欲が湧く。はっきりした成果が出る時間へ。 |
| **6** | 月 | 達成の日　　　　　　　　　　　　　　　　　　　[ボイド] 14:59〜<br>目標に手が届く。結果が出る日。人から認められる場面も。 |
| **7** | 火 | 達成の日 ▶ 友だちの日　　　　　　　　　　　　　[ボイド] 〜06:44<br>肩の力が抜け、伸びやかな気持ちになれる。 |
| **8** | 水 | ● 友だちの日<br>未来のプランを立てる。友だちと過ごせる。チームワーク。<br>☽「夢と友」のハウスで新月。新しい仲間や友に出会うとき。夢が生まれる。迷いが晴れる。 |
| **9** | 木 | 友だちの日 ▶ ひみつの日　　　　　　　　　　　　[ボイド] 06:57〜08:22<br>ざわめきから少し離れたくなる。自分の時間。 |
| **10** | 金 | ひみつの日<br>一人の時間。過去を振り返り、戦略を練る。自分を大事にする。 |
| **11** | 土 | ひみつの日 ▶ スタートの日　　　　　　　　　　　[ボイド] 10:51〜12:15<br>新しいことを始めやすい時間に切り替わる。 |
| **12** | 日 | スタートの日<br>主役の意識で動く。新しい選択肢を選べる。気持ちが切り替わる。 |
| **13** | 月 | スタートの日 ▶ お金の日　　　　　　　　　　　　[ボイド] 18:14〜19:38<br>物質面・経済活動が活性化する時間に入る。 |
| **14** | 火 | お金の日<br>いわゆる「金運がいい」日。実入りが良く、いい買い物もできそう。 |
| **15** | 水 | ◐ お金の日<br>いわゆる「金運がいい」日。実入りが良く、いい買い物もできそう。 |
| **16** | 木 | お金の日 ▶ メッセージの日　　　　　　　　　　　[ボイド] 01:42〜06:34<br>「動き」が出てくる。コミュニケーションの活性。<br>◆水星が「夢と友」のハウスへ。仲間に恵まれる爽やかな季節。友と夢を語れる。新しい計画。 |

**17** 金 メッセージの日
待っていた朗報が届く。勉強が捗る。外に出たくなる日。

**18** 土 メッセージの日 ▶ 家の日 [ボイド] 18:10〜19:24
生活環境や身内に目が向かう。原点回帰。

**19** 日 家の日
「普段の生活」が充実。身内との関係強化。環境改善ができる。

**20** 月 家の日 [ボイド] 00:50〜
「普段の生活」が充実。身内との関係強化。環境改善ができる。
◆太陽が「ひみつ」のハウスへ。新しい1年を目前にしての、振り返りと準備の時期。

**21** 火 家の日 ▶ 愛の日 [ボイド] 〜07:36
愛の追い風が吹く。好きなことができる。

**22** 水 愛の日
愛について嬉しいことがある。子育て、趣味、創作にも追い風が。

**23** 木 ○愛の日 ▶ メンテナンスの日 [ボイド] 16:30〜17:26
「やりたいこと」から「やるべきこと」へのシフト。
☽「任務」のハウスで満月。日々の努力や蓄積が「実る」。自他の体調のケアに留意。

**24** 金 メンテナンスの日
生活や心身の故障部分を修理できる。ケアしたり、されたり。
◆金星が「ひみつ」のハウスへ。これ以降、純粋な愛情から行動できる。一人の時間の充実も。

**25** 土 メンテナンスの日 [ボイド] 23:49〜
生活や心身の故障部分を修理できる。ケアしたり、されたり。

**26** 日 メンテナンスの日 ▶ 人に会う日 [ボイド] 〜00:37
「自分の世界」から「外界」へ出るような節目。
◆木星が「ひみつ」のハウスへ。大スケールの「自分のための時間」の到来。純粋な愛の年。

**27** 月 人に会う日
人に会ったり、会う約束をしたりする日。出会いの気配も。

**28** 火 人に会う日 ▶ プレゼントの日 [ボイド] 05:04〜05:46
他者との関係に、さらに一歩踏み込めるように。

**29** 水 プレゼントの日 [ボイド] 23:22〜
人から貴重なものを受け取れる。提案を受ける場面も。

**30** 木 プレゼントの日 ▶ 旅の日 [ボイド] 〜09:34
遠い場所との間に、橋が架かり始める。

**31** 金 ◑旅の日
遠出したり、遠くから人が訪ねてくれたりする日。発信力も増す。

# 6 ·JUNE·

| | | |
|---|---|---|
| **1** | 土 | 旅の日 ▶ 達成の日 　　　　　　　　　　　　　[ボイド] 11:56〜12:30<br>意欲が湧く。はっきりした成果が出る時間へ。 |
| **2** | 日 | 達成の日<br>目標に手が届く。結果が出る日。人から認められる場面も。 |
| **3** | 月 | 達成の日 ▶ 友だちの日 　　　　　　　　　　　[ボイド] 07:05〜14:57<br>肩の力が抜け、伸びやかな気持ちになれる。<br>◆水星が「ひみつ」のハウスへ。思考が深まる。思索、瞑想、誰かのための勉強。記録の精査。 |
| **4** | 火 | 友だちの日<br>未来のプランを立てる。友だちと過ごせる。チームワーク。 |
| **5** | 水 | 友だちの日 ▶ ひみつの日 　　　　　　　　　　[ボイド] 17:11〜17:38<br>ざわめきから少し離れたくなる。自分の時間。 |
| **6** | 木 | ●ひみつの日<br>一人の時間。過去を振り返り、戦略を練る。自分を大事にする。<br>◗「ひみつ」のハウスで新月。密かな迷いから解放される。自他を救うための行動を起こす。 |
| **7** | 金 | ひみつの日 ▶ スタートの日 　　　　　　　　　[ボイド] 21:17〜21:43<br>新しいことを始めやすい時間に切り替わる。 |
| **8** | 土 | スタートの日<br>主役の意識で動く。新しい選択肢を選べる。気持ちが切り替わる。 |
| **9** | 日 | スタートの日<br>主役の意識で動く。新しい選択肢を選べる。気持ちが切り替わる。<br>◆火星が「夢と友」のハウスへ。交友関係やチームワークに「熱」がこもる。夢を叶える勝負。 |
| **10** | 月 | スタートの日 ▶ お金の日 　　　　　　　　　　[ボイド] 04:07〜04:30<br>物質面・経済活動が活性化する時間に入る。 |
| **11** | 火 | お金の日<br>いわゆる「金運がいい」日。実入りが良く、いい買い物もできそう。 |
| **12** | 水 | お金の日 ▶ メッセージの日 　　　　　　　　　[ボイド] 04:18〜14:40<br>「動き」が出てくる。コミュニケーションの活性。 |
| **13** | 木 | メッセージの日<br>待っていた朗報が届く。勉強が捗る。外に出たくなる日。 |
| **14** | 金 | ◐メッセージの日<br>待っていた朗報が届く。勉強が捗る。外に出たくなる日。 |
| **15** | 土 | メッセージの日 ▶ 家の日 　　　　　　　　　　[ボイド] 02:55〜03:14<br>生活環境や身内に目が向かう。原点回帰。 |
| **16** | 日 | 家の日<br>「普段の生活」が充実。身内との関係強化。環境改善ができる。 |

**17** 月
家の日 ▶ 愛の日 　　　　　　　　　　　　　　　[ボイド] 15:06〜15:40
愛の追い風が吹く。好きなことができる。
◆金星が「自分」のハウスに。あなたの魅力が輝く季節の到来。愛に恵まれる楽しい日々へ。◆水星が「自分」のハウスへ。知的活動が活性化。若々しい気持ち、行動力。発言力の強化。

**18** 火
愛の日
愛について嬉しいことがある。子育て、趣味、創作にも追い風が。

**19** 水
愛の日
愛について嬉しいことがある。子育て、趣味、創作にも追い風が。

**20** 木
愛の日 ▶ メンテナンスの日 　　　　　　　　　　[ボイド] 01:21〜01:33
「やりたいこと」から「やるべきこと」へのシフト。

**21** 金
メンテナンスの日
生活や心身の故障部分を修理できる。ケアしたり、されたり。
◆太陽が「自分」のハウスへ。お誕生月の始まり、新しい1年への「扉」を開くとき。

**22** 土
○メンテナンスの日 ▶ 人に会う日 　　　　　　　[ボイド] 08:00〜08:10
「自分の世界」から「外界」へ出るような節目。
●「他者」のハウスで満月。誰かとの一対一の関係が「満ちる」。交渉の成立、契約。

**23** 日
人に会う日
人に会ったり、会う約束をしたりする日。出会いの気配も。

**24** 月
人に会う日 ▶ プレゼントの日 　　　　　　　　[ボイド] 12:07〜12:16
他者との関係に、さらに一歩踏み込めるように。

**25** 火
プレゼントの日
人から貴重なものを受け取れる。提案を受ける場面も。

**26** 水
プレゼントの日 ▶ 旅の日 　　　　　　　　　　[ボイド] 07:31〜15:09
遠い場所との間に、橋が架かり始める。

**27** 木
旅の日
遠出したり、遠くから人が訪ねてくれたりする日。発信力も増す。

**28** 金
旅の日 ▶ 達成の日 　　　　　　　　　　　　　[ボイド] 17:46〜17:54
意欲が湧く。はっきりした成果が出る時間へ。

**29** 土
◑達成の日
目標に手が届く。結果が出る日。人から認められる場面も。

**30** 日
達成の日 ▶ 友だちの日 　　　　　　　　　　　[ボイド] 13:58〜21:02
肩の力が抜け、伸びやかな気持ちになれる。
◆土星が「旅」のハウスで逆行開始。歩いてきた長い道のりを「踏み固める」期間へ。

# 7 ·JULY·

**1** 月
友だちの日
未来のプランを立てる。友だちと過ごせる。チームワーク。

**2** 火
友だちの日
未来のプランを立てる。友だちと過ごせる。チームワーク。
◆海王星が「旅」のハウスで逆行開始。信念に、より大きなスケールの物差しを当て始める。◆水星が「生産」のハウスへ。経済活動に知性を活かす。情報収集、経営戦略。在庫整理。

**3** 水
友だちの日 ▶ ひみつの日 [ボイド] 00:45〜00:52
ざわめきから少し離れたくなる。自分の時間。

**4** 木
ひみつの日
一人の時間。過去を振り返り、戦略を練る。自分を大事にする。

**5** 金
ひみつの日 ▶ スタートの日 [ボイド] 05:45〜05:53
新しいことを始めやすい時間に切り替わる。

**6** 土
● スタートの日
主役の意識で動く。新しい選択肢を選べる。気持ちが切り替わる。
☽「自分」のハウスで新月。大切なことがスタートする節目。フレッシュな「切り替え」。

**7** 日
スタートの日 ▶ お金の日 [ボイド] 12:49〜12:57
物質面・経済活動が活性化する時間に入る。

**8** 月
お金の日
いわゆる「金運がいい」日。実入りが良く、いい買い物もできそう。

**9** 火
お金の日 ▶ メッセージの日 [ボイド] 15:05〜22:49
「動き」が出てくる。コミュニケーションの活性。

**10** 水
メッセージの日
待っていた朗報が届く。勉強が捗る。外に出たくなる日。

**11** 木
メッセージの日
待っていた朗報が届く。勉強が捗る。外に出たくなる日。

**12** 金
メッセージの日 ▶ 家の日 [ボイド] 10:57〜11:08
生活環境や身内に目が向かう。原点回帰。
◆金星が「生産」のハウスへ。経済活動の活性化、上昇気流。物質的豊かさの開花。

**13** 土
家の日
「普段の生活」が充実。身内との関係強化。環境改善ができる。

**14** 日
◑家の日 ▶ 愛の日 [ボイド] 07:50〜23:54
愛の追い風が吹く。好きなことができる。

**15** 月
愛の日
愛について嬉しいことがある。子育て、趣味、創作にも追い風が。

**16** 火
愛の日
愛について嬉しいことがある。子育て、趣味、創作にも追い風が。

**17** 水　愛の日 ▶ メンテナンスの日　　　　　　　　　　　　　[ボイド] 10:12〜10:26
「やりたいこと」から「やるべきこと」へのシフト。

**18** 木　メンテナンスの日
生活や心身の故障部分を修理できる。ケアしたり、されたり。

**19** 金　メンテナンスの日 ▶ 人に会う日　　　　　　　　　　　[ボイド] 17:00〜17:15
「自分の世界」から「外界」へ出るような節目。

**20** 土　人に会う日
人に会ったり、会う約束をしたりする日。出会いの気配も。

**21** 日　○ 人に会う日 ▶ プレゼントの日　　　　　　　　　　[ボイド] 20:28〜20:45
他者との関係に、さらに一歩踏み込めるように。
◆火星が「ひみつ」のハウスへ。内なる敵と闘って克服できる時間。
自分の真の強さを知る。🌙「他者」のハウスで満月。誰かとの一対
一の関係が「満ちる」。交渉の成立、契約。

**22** 月　プレゼントの日
人から貴重なものを受け取れる。提案を受ける場面も。
◆太陽が「生産」のハウスへ。1年のサイクルの中で「物質的・経
済的土台」を整備する。

**23** 火　プレゼントの日 ▶ 旅の日　　　　　　　　　　　　　[ボイド] 19:00〜22:25
遠い場所との間に、橋が架かり始める。

**24** 水　旅の日
遠出したり、遠くから人が訪ねてくれたりする日。発信力も増す。

**25** 木　旅の日 ▶ 達成の日　　　　　　　　　　　　　　　[ボイド] 23:33〜23:54
意欲が湧く。はっきりした成果が出る時間へ。

**26** 金　達成の日
目標に手が届く。結果が出る日。人から認められる場面も。
◆水星が「コミュニケーション」のハウスへ。知的活動の活性化、コ
ミュニケーションの進展。学習の好機。

**27** 土　達成の日　　　　　　　　　　　　　　　　　　　　[ボイド] 07:16〜
目標に手が届く。結果が出る日。人から認められる場面も。

**28** 日　◑ 達成の日 ▶ 友だちの日　　　　　　　　　　　　　[ボイド] 〜02:24
肩の力が抜け、伸びやかな気持ちになれる。

**29** 月　友だちの日
未来のプランを立てる。友だちと過ごせる。チームワーク。

**30** 火　友だちの日 ▶ ひみつの日　　　　　　　　　　　　　[ボイド] 06:01〜06:29
ざわめきから少し離れたくなる。自分の時間。

**31** 水　ひみつの日
一人の時間。過去を振り返り、戦略を練る。自分を大事にする。

# 8 ・AUGUST・

**1** 木 ひみつの日 ▶ スタートの日         [ボイド] 11:48〜12:21
新しいことを始めやすい時間に切り替わる。

**2** 金 スタートの日
主役の意識で動く。新しい選択肢を選べる。気持ちが切り替わる。

**3** 土 スタートの日 ▶ お金の日         [ボイド] 19:33〜20:11
物質面・経済活動が活性化する時間に入る。

**4** 日 ●お金の日
いわゆる「金運がいい」日。実入りが良く、いい買い物もできそう。
☽「生産」のハウスで新月。新しい経済活動をスタートさせる。新しいものを手に入れる。

**5** 月 お金の日
いわゆる「金運がいい」日。実入りが良く、いい買い物もできそう。
◆金星が「コミュニケーション」のハウスへ。喜びある学び、対話、外出。言葉による優しさ、愛の伝達。◆水星が「コミュニケーション」のハウスで逆行開始。過去に遡るコミュニケーション。対話の積み重ね。

**6** 火 お金の日 ▶ メッセージの日         [ボイド] 00:18〜06:18
「動き」が出てくる。コミュニケーションの活性。

**7** 水 メッセージの日
待っていた朗報が届く。勉強が捗る。外に出たくなる日。

**8** 木 メッセージの日 ▶ 家の日         [ボイド] 17:42〜18:33
生活環境や身内に目が向かう。原点回帰。

**9** 金 家の日
「普段の生活」が充実。身内との関係強化。環境改善ができる。

**10** 土 家の日         [ボイド] 06:46〜
「普段の生活」が充実。身内との関係強化。環境改善ができる。

**11** 日 家の日 ▶ 愛の日         [ボイド] 〜07:35
愛の追い風が吹く。好きなことができる。

**12** 月 愛の日
愛について嬉しいことがある。子育て、趣味、創作にも追い風が。

**13** 火 ●愛の日 ▶ メンテナンスの日         [ボイド] 18:03〜19:02
「やりたいこと」から「やるべきこと」へのシフト。

**14** 水 メンテナンスの日
生活や心身の故障部分を修理できる。ケアしたり、されたり。

**15** 木 メンテナンスの日
生活や心身の故障部分を修理できる。ケアしたり、されたり。
◆逆行中の水星が「生産」のハウスへ。経済面で取り戻せるものがある。見落としの精査。

| | | |
|---|---|---|
| **16** | 金 | メンテナンスの日 ▶ 人に会う日　　　　　　　　[ボイド] 01:54〜02:53<br>「自分の世界」から「外界」へ出るような節目。 |
| **17** | 土 | 人に会う日<br>人に会ったり、会う約束をしたりする日。出会いの気配も。 |
| **18** | 日 | 人に会う日 ▶ プレゼントの日　　　　　　　　　[ボイド] 05:45〜06:46<br>他者との関係に、さらに一歩踏み込めるように。 |
| **19** | 月 | プレゼントの日<br>人から貴重なものを受け取れる。提案を受ける場面も。 |
| **20** | 火 | ○プレゼントの日 ▶ 旅の日　　　　　　　　　　[ボイド] 03:27〜07:53<br>遠い場所との間に、橋が架かり始める。<br>●「ギフト」のハウスで満月。人から「満を持して」手渡されるものがある。他者との融合。 |
| **21** | 水 | 旅の日<br>遠出したり、遠くから人が訪ねてくれたりする日。発信力も増す。 |
| **22** | 木 | 旅の日 ▶ 達成の日　　　　　　　　　　　　　　[ボイド] 06:56〜08:03<br>意欲が湧く。はっきりした成果が出る時間へ。<br>◆太陽が「コミュニケーション」のハウスへ。1年のサイクルの中でコミュニケーションを繋ぎ直すとき。 |
| **23** | 金 | 達成の日　　　　　　　　　　　　　　　　　　[ボイド] 21:46〜<br>目標に手が届く。結果が出る日。人から認められる場面も。 |
| **24** | 土 | 達成の日 ▶ 友だちの日　　　　　　　　　　　　[ボイド] 〜09:02<br>肩の力が抜け、伸びやかな気持ちになれる。 |
| **25** | 日 | 友だちの日<br>未来のプランを立てる。友だちと過ごせる。チームワーク。 |
| **26** | 月 | ◑友だちの日 ▶ ひみつの日　　　　　　　　　　[ボイド] 10:42〜12:06<br>ざわめきから少し離れたくなる。自分の時間。 |
| **27** | 火 | ひみつの日<br>一人の時間。過去を振り返り、戦略を練る。自分を大事にする。 |
| **28** | 水 | ひみつの日 ▶ スタートの日　　　　　　　　　　[ボイド] 16:15〜17:49<br>新しいことを始めやすい時間に切り替わる。 |
| **29** | 木 | スタートの日<br>主役の意識で動く。新しい選択肢を選べる。気持ちが切り替わる。<br>◆水星が「生産」のハウスで順行へ。経済的混乱が解消していく。物質面での整理を再開。◆金星が「家」のハウスへ。身近な人とのあたたかな交流。愛着。居場所を美しくする。 |
| **30** | 金 | スタートの日<br>主役の意識で動く。新しい選択肢を選べる。気持ちが切り替わる。 |
| **31** | 土 | スタートの日 ▶ お金の日　　　　　　　　　　　[ボイド] 00:26〜02:11<br>物質面・経済活動が活性化する時間に入る。 |

# 9 ・SEPTEMBER・

**1** 日
お金の日
いわゆる「金運がいい」日。実入りが良く、いい買い物もできそう。

**2** 月
お金の日 ▶ メッセージの日　　　　　　　　　　　　　［ボイド］09:27〜12:50
「動き」が出てくる。コミュニケーションの活性。
◆天王星が「夢と友」のハウスで逆行開始。信頼関係に対する客観的な視点。夢の再設定。◆逆行中の冥王星が「他者」のハウスへ。2008年頃からの「人間関係の深い変容」を振り返る時間に入る。

**3** 火
● メッセージの日
待っていた朗報が届く。勉強が捗る。外に出たくなる日。
🌙「コミュニケーション」のハウスで新月。新しいコミュニケーションが始まる。学び始める。朗報も。

**4** 水
メッセージの日
待っていた朗報が届く。勉強が捗る。外に出たくなる日。

**5** 木
メッセージの日 ▶ 家の日　　　　　　　　　　　　　　［ボイド］01:08〜01:13
生活環境や身内に目が向かう。原点回帰。
◆火星が「自分」のハウスへ。熱い自己変革の季節へ。勝負、挑戦。自分から動きたくなる。

**6** 金
家の日
「普段の生活」が充実。身内との関係強化。環境改善ができる。

**7** 土
家の日 ▶ 愛の日　　　　　　　　　　　　　　　　　　［ボイド］14:10〜14:20
愛の追い風が吹く。好きなことができる。

**8** 日
愛の日
愛について嬉しいことがある。子育て、趣味、創作にも追い風が。

**9** 月
愛の日
愛について嬉しいことがある。子育て、趣味、創作にも追い風が。
◆再び水星が「コミュニケーション」のハウスへ。対話が自然に再開する。名前を呼ぶ声。

**10** 火
愛の日 ▶ メンテナンスの日　　　　　　　　　　　　　［ボイド］02:13〜02:27
「やりたいこと」から「やるべきこと」へのシフト。

**11** 水
◑ メンテナンスの日
生活や心身の故障部分を修理できる。ケアしたり、されたり。

**12** 木
メンテナンスの日 ▶ 人に会う日　　　　　　　　　　　［ボイド］09:22〜11:39
「自分の世界」から「外界」へ出るような節目。

**13** 金
人に会う日
人に会ったり、会う約束をしたりする日。出会いの気配も。

**14** 土
人に会う日 ▶ プレゼントの日　　　　　　　　　　　　［ボイド］16:36〜16:55
他者との関係に、さらに一歩踏み込めるように。

**15** 日
プレゼントの日
人から貴重なものを受け取れる。提案を受ける場面も。

**16** 月 プレゼントの日 ▶ 旅の日 [ボイド] 14:06〜18:41
遠い場所との間に、橋が架かり始める。

**17** 火 旅の日
遠出したり、遠くから人が訪ねてくれたりする日。発信力も増す。

**18** 水 ○旅の日 ▶ 達成の日 [ボイド] 18:04〜18:26
意欲が湧く。はっきりした成果が出る時間へ。
🌙「旅」のハウスで月食。遠い場所に不思議な形で「ワープ」出来るようなとき。思想の再生。

**19** 木 達成の日
目標に手が届く。結果が出る日。人から認められる場面も。

**20** 金 達成の日 ▶ 友だちの日 [ボイド] 17:40〜18:04
肩の力が抜け、伸びやかな気持ちになれる。

**21** 土 友だちの日
未来のプランを立てる。友だちと過ごせる。チームワーク。

**22** 日 友だちの日 ▶ ひみつの日 [ボイド] 19:16〜19:26
ざわめきから少し離れたくなる。自分の時間。
◆太陽が「家」のハウスへ。1年のサイクルの中で「居場所・家・心」を整備し直すとき。

**23** 月 ひみつの日
一人の時間。過去を振り返り、戦略を練る。自分を大事にする。
◆金星が「愛」のハウスへ。華やかな愛の季節の始まり。創造的活動への強い追い風。

**24** 火 ひみつの日 ▶ スタートの日 [ボイド] 21:01〜23:52
新しいことを始めやすい時間に切り替わる。

**25** 水 ◑スタートの日
主役の意識で動く。新しい選択肢を選べる。気持ちが切り替わる。

**26** 木 スタートの日
主役の意識で動く。新しい選択肢を選べる。気持ちが切り替わる。
◆水星が「家」のハウスへ。来訪者。身近な人との対話。若々しい風が居場所に吹き込む。

**27** 金 スタートの日 ▶ お金の日 [ボイド] 07:14〜07:49
物質面・経済活動が活性化する時間に入る。

**28** 土 お金の日
いわゆる「金運がいい」日。実入りが良く、いい買い物もできそう。

**29** 日 お金の日 ▶ メッセージの日 [ボイド] 12:37〜18:43
「動き」が出てくる。コミュニケーションの活性。

**30** 月 メッセージの日
待っていた朗報が届く。勉強が捗る。外に出たくなる日。

# 10 ・OCTOBER・

**1** 火 メッセージの日
待っていた朗報が届く。勉強が捗る。外に出たくなる日。

**2** 水 メッセージの日 ▶ 家の日 [ボイド] 06:41〜07:21
生活環境や身内に目が向かう。原点回帰。

**3** 木 ●家の日
「普段の生活」が充実。身内との関係強化。環境改善ができる。
☽「家」のハウスで日食。家族との関わりや居場所について、特別なことが始まるかも。

**4** 金 家の日 ▶ 愛の日 [ボイド] 19:42〜20:24
愛の追い風が吹く。好きなことができる。

**5** 土 愛の日
愛について嬉しいことがある。子育て、趣味、創作にも追い風が。

**6** 日 愛の日
愛について嬉しいことがある。子育て、趣味、創作にも追い風が。

**7** 月 愛の日 ▶ メンテナンスの日 [ボイド] 07:54〜08:36
「やりたいこと」から「やるべきこと」へのシフト。

**8** 火 メンテナンスの日
生活や心身の故障部分を修理できる。ケアしたり、されたり。

**9** 水 メンテナンスの日 ▶ 人に会う日 [ボイド] 14:55〜18:40
「自分の世界」から「外界」へ出るような節目。
◆木星が「ひみつ」のハウスで逆行開始。成長の手掛かりとなる「疑問」を増やしていくとき。

**10** 木 人に会う日
人に会ったり、会う約束をしたりする日。出会いの気配も。

**11** 金 ◑人に会う日
人に会ったり、会う約束をしたりする日。出会いの気配も。

**12** 土 人に会う日 ▶ プレゼントの日 [ボイド] 00:55〜01:33
他者との関係に、さらに一歩踏み込めるように。
◆冥王星が「他者」のハウスで順行へ。他者の要望がストレートに感じられるようになる。

**13** 日 プレゼントの日 [ボイド] 23:12〜
人から貴重なものを受け取れる。提案を受ける場面も。

**14** 月 プレゼントの日 ▶ 旅の日 [ボイド] 〜04:57
遠い場所との間に、橋が架かり始める。
◆水星が「愛」のハウスへ。愛に関する学び、教育。若々しい創造性、遊び。知的創造。

**15** 火 旅の日
遠出したり、遠くから人が訪ねてくれたりする日。発信力も増す。

**16** 水 旅の日 ▶ 達成の日 ［ボイド］05:02〜05:36
意欲が湧く。はっきりした成果が出る時間へ。

**17** 木 ○達成の日
目標に手が届く。結果が出る日。人から認められる場面も。
☽「目標と結果」のハウスで満月。目標達成のとき。社会的立場が
一段階上がるような節目。

**18** 金 達成の日 ▶ 友だちの日 ［ボイド］04:28〜05:01
肩の力が抜け、伸びやかな気持ちになれる。
◆金星が「任務」のハウスへ。美しい生活スタイルの実現。美のた
めの習慣。楽しい仕事。

**19** 土 友だちの日
未来のプランを立てる。友だちと過ごせる。チームワーク。

**20** 日 友だちの日 ▶ ひみつの日 ［ボイド］04:35〜05:09
ざわめきから少し離れたくなる。自分の時間。

**21** 月 ひみつの日
一人の時間。過去を振り返り、戦略を練る。自分を大事にする。

**22** 火 ひみつの日 ▶ スタートの日 ［ボイド］06:02〜07:51
新しいことを始めやすい時間に切り替わる。

**23** 水 スタートの日
主役の意識で動く。新しい選択肢を選べる。気持ちが切り替わる。
◆太陽が「愛」のハウスへ。1年のサイクルの中で「愛・喜び・創
造性」を再生するとき。

**24** 木 ◑スタートの日 ▶ お金の日 ［ボイド］13:49〜14:26
物質面・経済活動が活性化する時間に入る。

**25** 金 お金の日
いわゆる「金運がいい」日。実入りが良く、いい買い物もできそう。

**26** 土 お金の日 ［ボイド］17:05〜
いわゆる「金運がいい」日。実入りが良く、いい買い物もできそう。

**27** 日 お金の日 ▶ メッセージの日 ［ボイド］〜00:49
「動き」が出てくる。コミュニケーションの活性。

**28** 月 メッセージの日
待っていた朗報が届く。勉強が捗る。外に出たくなる日。

**29** 火 メッセージの日 ▶ 家の日 ［ボイド］12:56〜13:31
生活環境や身内に目が向かう。原点回帰。

**30** 水 家の日
「普段の生活」が充実。身内との関係強化。環境改善ができる。

**31** 木 家の日
「普段の生活」が充実。身内との関係強化。環境改善ができる。

# 11 ・NOVEMBER・

| | | |
|---|---|---|
| **1**<br>金 | ●家の日 ▶ 愛の日 | [ボイド] 01:59〜02:31 |
| | 愛の追い風が吹く。好きなことができる。<br>🌙「愛」のハウスで新月。愛が「生まれる」ようなタイミング。大切なものと結びつく。 | |
| **2**<br>土 | 愛の日 | |
| | 愛について嬉しいことがある。子育て、趣味、創作にも追い風が。 | |
| **3**<br>日 | 愛の日 ▶ メンテナンスの日 | [ボイド] 13:53〜14:21 |
| | 「やりたいこと」から「やるべきこと」へのシフト。<br>◆水星が「任務」のハウスへ。日常生活の整理、整備。健康チェック。心身の調律。 | |
| **4**<br>月 | メンテナンスの日 | |
| | 生活や心身の故障部分を修理できる。ケアしたり、されたり。<br>◆火星が「生産」のハウスへ。ほてりが収まって地に足がつく。経済的な「勝負」も。 | |
| **5**<br>火 | メンテナンスの日 | [ボイド] 19:25〜 |
| | 生活や心身の故障部分を修理できる。ケアしたり、されたり。 | |
| **6**<br>水 | メンテナンスの日 ▶ 人に会う日 | [ボイド] 〜00:19 |
| | 「自分の世界」から「外界」へ出るような節目。 | |
| **7**<br>木 | 人に会う日 | |
| | 人に会ったり、会う約束をしたりする日。出会いの気配も。 | |
| **8**<br>金 | 人に会う日 ▶ プレゼントの日 | [ボイド] 07:39〜07:59 |
| | 他者との関係に、さらに一歩踏み込めるように。 | |
| **9**<br>土 | ●プレゼントの日 | |
| | 人から貴重なものを受け取れる。提案を受ける場面も。 | |
| **10**<br>日 | プレゼントの日 ▶ 旅の日 | [ボイド] 09:25〜13:02 |
| | 遠い場所との間に、橋が架かり始める。 | |
| **11**<br>月 | 旅の日 | |
| | 遠出したり、遠くから人が訪ねてくれたりする日。発信力も増す。 | |
| **12**<br>火 | 旅の日 ▶ 達成の日 | [ボイド] 15:15〜15:27 |
| | 意欲が湧く。はっきりした成果が出る時間へ。<br>◆金星が「他者」のハウスへ。人間関係から得られる喜び。愛あるパートナーシップ。 | |
| **13**<br>水 | 達成の日 | |
| | 目標に手が届く。結果が出る日。人から認められる場面も。 | |
| **14**<br>木 | 達成の日 ▶ 友だちの日 | [ボイド] 15:52〜16:01 |
| | 肩の力が抜け、伸びやかな気持ちになれる。 | |
| **15**<br>金 | 友だちの日 | |
| | 未来のプランを立てる。友だちと過ごせる。チームワーク。<br>◆土星が「旅」のハウスで順行へ。長旅の再開。長期的研究活動に見通しがつく。 | |

**16** 土 ○友だちの日 ▶ ひみつの日　　　　　　　　　　　　　[ボイド] 16:04〜16:10
ざわめきから少し離れたくなる。自分の時間。
🌙「夢と友」のハウスで満月。希望してきた条件が整う。友や仲間への働きかけが「実る」。

**17** 日 ひみつの日
一人の時間。過去を振り返り、戦略を練る。自分を大事にする。

**18** 月 ひみつの日 ▶ スタートの日　　　　　　　　　　　　[ボイド] 13:10〜17:51
新しいことを始めやすい時間に切り替わる。

**19** 火 スタートの日
主役の意識で動く。新しい選択肢を選べる。気持ちが切り替わる。

**20** 水 スタートの日 ▶ お金の日　　　　　　　　　　　　　[ボイド] 20:22〜22:53
物質面・経済活動が活性化する時間に入る。
◆冥王星が「ギフト」のハウスへ。ここから2043年頃にかけ、巨大なギフトを受け取ることになる。

**21** 木 お金の日
いわゆる「金運がいい」日。実入りが良く、いい買い物もできそう。

**22** 金 お金の日　　　　　　　　　　　　　　　　　　　　[ボイド] 22:16〜
いわゆる「金運がいい」日。実入りが良く、いい買い物もできそう。
◆太陽が「任務」のハウスへ。1年のサイクルの中で「健康・任務・日常」を再構築するとき。

**23** 土 ◐お金の日 ▶ メッセージの日　　　　　　　　　　　[ボイド] 〜08:03
「動き」が出てくる。コミュニケーションの活性。

**24** 日 メッセージの日
待っていた朗報が届く。勉強が捗る。外に出たくなる日。

**25** 月 メッセージの日 ▶ 家の日　　　　　　　　　　　　　[ボイド] 14:37〜20:21
生活環境や身内に目が向かう。原点回帰。

**26** 火 家の日
「普段の生活」が充実。身内との関係強化。環境改善ができる。
◆水星が「任務」のハウスで逆行開始。生活態度の見直し、責任範囲の再構築。修理。

**27** 水 家の日　　　　　　　　　　　　　　　　　　　　　[ボイド] 18:16〜
「普段の生活」が充実。身内との関係強化。環境改善ができる。

**28** 木 家の日 ▶ 愛の日　　　　　　　　　　　　　　　　　[ボイド] 〜09:22
愛の追い風が吹く。好きなことができる。

**29** 金 愛の日
愛について嬉しいことがある。子育て、趣味、創作にも追い風が。

**30** 土 愛の日 ▶ メンテナンスの日　　　　　　　　　　　　[ボイド] 15:21〜20:55
「やりたいこと」から「やるべきこと」へのシフト。

# 12 ・DECEMBER・

**1** 日
●メンテナンスの日
生活や心身の故障部分を修理できる。ケアしたり、されたり。
☽「任務」のハウスで新月。新しい生活習慣、新しい任務がスタート
するとき。体調の調整。

**2** 月
メンテナンスの日
生活や心身の故障部分を修理できる。ケアしたり、されたり。

**3** 火
メンテナンスの日 ▶ 人に会う日　　　　　　　　[ボイド] 00:49〜06:11
「自分の世界」から「外界」へ出るような節目。

**4** 水
人に会う日
人に会ったり、会う約束をしたりする日。出会いの気配も。

**5** 木
人に会う日 ▶ プレゼントの日　　　　　　　　[ボイド] 08:36〜13:23
他者との関係に、さらに一歩踏み込めるように。

**6** 金
プレゼントの日
人から貴重なものを受け取れる。提案を受ける場面も。

**7** 土
プレゼントの日 ▶ 旅の日　　　　　　　　　　[ボイド] 09:03〜18:51
遠い場所との間に、橋が架かり始める。
◆火星が「生産」のハウスで逆行開始。経済・物質面で「欲」の熱
量と向き合う時間へ。◆金星が「ギフト」のハウスへ。欲望の解放と
調整、他者への要求、他者からの要求。甘え。

**8** 日
旅の日
遠出したり、遠くから人が訪ねてくれたりする日。発信力も増す。
◆海王星が「旅」のハウスで順行へ。より高い価値観を求めて動き
出せる。理想、夢、啓示。

**9** 月
◐旅の日 ▶ 達成の日　　　　　　　　　　　　[ボイド] 17:46〜22:39
意欲が湧く。はっきりした成果が出る時間へ。

**10** 火
達成の日
目標に手が届く。結果が出る日。人から認められる場面も。

**11** 水
達成の日　　　　　　　　　　　　　　　　　[ボイド] 07:15〜
目標に手が届く。結果が出る日。人から認められる場面も。

**12** 木
達成の日 ▶ 友だちの日　　　　　　　　　　　[ボイド] 〜00:57
肩の力が抜け、伸びやかな気持ちになれる。

**13** 金
友だちの日　　　　　　　　　　　　　　　　[ボイド] 21:41〜
未来のプランを立てる。友だちと過ごせる。チームワーク。

**14** 土
友だちの日 ▶ ひみつの日　　　　　　　　　　[ボイド] 〜02:23
ざわめきから少し離れたくなる。自分の時間。

**15** 日
○ひみつの日　　　　　　　　　　　　　　　　[ボイド] 23:33〜
一人の時間。過去を振り返り、戦略を練る。自分を大事にする。
☽「ひみつ」のハウスで満月。時間をかけて治療してきた傷が癒える。
自他を赦し赦される。

**16** 月
ひみつの日 ▶ スタートの日 ［ボイド］～04:23
新しいことを始めやすい時間に切り替わる。
◆水星が「任務」のハウスで順行へ。体調が整い、やるべきことがはっきり見えてくる。

**17** 火
スタートの日
主役の意識で動く。新しい選択肢を選べる。気持ちが切り替わる。

**18** 水
スタートの日 ▶ お金の日 ［ボイド］03:35～08:41
物質面・経済活動が活性化する時間に入る。

**19** 木
お金の日
いわゆる「金運がいい」日。実入りが良く、いい買い物もできそう。

**20** 金
お金の日 ▶ メッセージの日 ［ボイド］14:21～16:39
「動き」が出てくる。コミュニケーションの活性。

**21** 土
メッセージの日
待っていた朗報が届く。勉強が捗る。外に出たくなる日。
◆太陽が「他者」のハウスへ。1年のサイクルの中で人間関係を「結び直す」とき。

**22** 日
メッセージの日 ［ボイド］22:29～
待っていた朗報が届く。勉強が捗る。外に出たくなる日。

**23** 月
◗メッセージの日 ▶ 家の日 ［ボイド］～04:09
生活環境や身内に目が向かう。原点回帰。

**24** 火
家の日 ［ボイド］19:46～
「普段の生活」が充実。身内との関係強化。環境改善ができる。

**25** 水
家の日 ▶ 愛の日 ［ボイド］～17:08
愛の追い風が吹く。好きなことができる。

**26** 木
愛の日
愛について嬉しいことがある。子育て、趣味、創作にも追い風が。

**27** 金
愛の日 ［ボイド］23:26～
愛について嬉しいことがある。子育て、趣味、創作にも追い風が。

**28** 土
愛の日 ▶ メンテナンスの日 ［ボイド］～04:48
「やりたいこと」から「やるべきこと」へのシフト。

**29** 日
メンテナンスの日
生活や心身の故障部分を修理できる。ケアしたり、されたり。

**30** 月
メンテナンスの日 ▶ 人に会う日 ［ボイド］08:36～13:39
「自分の世界」から「外界」へ出るような節目。

**31** 火
●人に会う日
人に会ったり、会う約束をしたりする日。出会いの気配も。
◗「他者」のハウスで新月。出会いのとき。誰かとの関係が刷新。未来への約束を交わす。

## 参考 カレンダー解説の文字・線の色

あなたの星座にとって星の動きがどんな意味を
持つか、わかりやすくカレンダーに書き込んで
みたのが、P.89からの「カレンダー解説」です。
色分けは厳密なものではありませんが、だいた
い以下のようなイメージで分けられています。

**―― 赤色**
インパクトの強い出来事、意欲や情熱、
パワーが必要な場面。

**―― 水色**
ビジネスや勉強、コミュニケーションなど、
知的な活動に関すること。

**―― 紺色**
重要なこと、長期的に大きな意味のある変化。
精神的な変化、健康や心のケアに関すること。

**―― 緑色**
居場所、家族に関すること。

**―― ピンク色**
愛や人間関係に関すること。嬉しいこと。

**―― オレンジ色**
経済活動、お金に関すること。

# 蟹座 2024年の
# カレンダー解説

● 解説の文字・線の色のイメージは P.88 をご参照下さい ●

# 1 · JANUARY ·

| mon | tue | wed | thu | fri | sat | sun |
|-----|-----|-----|-----|-----|-----|-----|
| 1 | 2 | 3 | 4 | 5 | 6 | 7 |
| 8 | 9 | 10 | ⑪ | 12 | 13 | 14 |
| 15 | 16 | 17 | 18 | 19 | 20 | ㉑ |
| 22 | 23 | 24 | 25 | 26 | 27 | 28 |
| 29 | 30 | 31 | | | | |

1/4–2/17　人間関係に熱がこもる。刺激的な人物、強烈な印象をまとう人物との出会い。タフな交渉や「対決」に臨む人も。最初はホットな雰囲気でも、だんだんに和やかに、愛が溢れる。愛と情熱をぶつけ合える。

1/11　素敵な出会いの時。パートナーとの関係に新鮮な風が流れ込む。対話や交渉が始まる。

1/21　欲しいものが増え始める。今まで興味関心のなかったものに、ぐっと惹きつけられるかも。経済活動の幅が広がり始める。

# 2 · FEBRUARY ·

| mon | tue | wed | thu | fri | sat | sun |
|-----|-----|-----|-----|-----|-----|-----|
| | | | 1 | 2 | 3 | 4 |
| 5 | 6 | 7 | 8 | 9 | 10 | 11 |
| 12 | 13 | 14 | 15 | 16 | 17 | 18 |
| 19 | 20 | 21 | 22 | 23 | 24 | 25 |
| 26 | 27 | 28 | 29 | | | |

2/17–2/23　人から受け取れるものがたくさんある時。パートナーや関係者の経済状況が好転する。意外な、スケールの大きなオファーがくる。

# 3 ·MARCH·

| mon | tue | wed | thu | fri | sat | sun |
|-----|-----|-----|-----|-----|-----|-----|
|     |     |     |     | 1   | 2   | 3   |
| 4   | 5   | 6   | 7   | 8   | 9   | 10  |
| 11  | 12  | 13  | 14  | 15  | 16  | 17  |
| 18  | 19  | 20  | 21  | 22  | 23  | 24  |
| 25  | 26  | 27  | 28  | 29  | 30  | 31  |

3/12–4/5　旅の季節。かなり遠くまで出かけていくことになりそう。遠出した先で素敵なものが手に入る。精力的に学んで、大きな成果を挙げる人も。発信活動にも勢いが出る。

3/25　居場所や家族に関して、日々の努力が報われるような出来事が起こる。家の中で意外な変化が起こる気配も。

# 4 ·APRIL·

| mon | tue | wed | thu | fri | sat | sun |
|-----|-----|-----|-----|-----|-----|-----|
| 1   | 2   | 3   | 4   | 5   | 6   | 7   |
| 8   | 9   | 10  | 11  | 12  | 13  | 14  |
| 15  | 16  | 17  | 18  | 19  | 20  | 21  |
| 22  | 23  | 24  | 25  | 26  | 27  | 28  |
| 29  | 30  |     |     |     |     |     |

4/2–4/25　仕事や対外的な活動の場で、「立ち止まって振り返る」作業が発生する。やり直しや見直しから多くを得られる時。少しゆるいくらいで丁度いい。肩の力を抜くと、物事が自然に好転する。

4/9　新しいミッションがスタートする。かなり意外な経緯で、ぽんと新しいポジションに立つことになるかも。不思議な縁を伝ってチャンスが舞い込む。

## 5 ·MAY·

| mon | tue | wed | thu | fri | sat | sun |
|-----|-----|-----|-----|-----|-----|-----|
|     |     | 1   | 2   | 3   | 4   | 5   |
| 6   | 7   | 8   | 9   | 10  | 11  | 12  |
| 13  | 14  | 15  | 16  | 17  | 18  | 19  |
| 20  | 21  | 22  | 23  | 24  | 25  | (26)|
| 27  | 28  | 29  | 30  | 31  |     |     |

5/1–6/9 仕事や対外的な活動における「勝負」の時間。ガンガン挑戦して結果を出せる。外に出て闘える時。

5/26–2025/6/10 長い間抱えてきた慢性的な問題や、深い心の傷などに向き合える時。第三者からは見えないところで、生き方や人生が大きく変わる。救いや癒しを得られる時間。

## 6 ·JUNE·

| mon | tue | wed | thu | fri | sat | sun |
|-----|-----|-----|-----|-----|-----|-----|
|     |     |     |     |     | 1   | 2   |
| 3   | 4   | 5   | 6   | 7   | 8   | 9   |
| 10  | 11  | 12  | 13  | 14  | 15  | 16  |
| 17  | 18  | 19  | 20  | 21  | 22  | 23  |
| 24  | 25  | 26  | 27  | 28  | 29  | 30  |

6/3–6/17 愛や人の協力を得て、個人的な問題が解決に向かう。自分自身と深く対話する時間を持てる。

6/17–7/12 キラキラ輝くような、楽しい時間。愛にも強い光が射し込む。より魅力的に「変身」する人も。コミュニケーションが盛り上がり、発言力も増して、にぎやかな雰囲気に。人気者になれる。

# 7 ·JULY·

| mon | tue | wed | thu | fri | sat | sun |
|-----|-----|-----|-----|-----|-----|-----|
| 1 | 2 | 3 | 4 | 5 | ⑥ | 7 |
| 8 | 9 | 10 | 11 | 12 | 13 | 14 |
| 15 | 16 | 17 | 18 | 19 | 20 | ㉑ |
| 22 | 23 | 24 | 25 | 26 | 27 | 28 |
| 29 | 30 | 31 | | | | |

# 8 ·AUGUST·

| mon | tue | wed | thu | fri | sat | sun |
|-----|-----|-----|-----|-----|-----|-----|
| | | | 1 | 2 | 3 | 4 |
| 5 | 6 | 7 | 8 | 9 | 10 | 11 |
| 12 | 13 | 14 | 15 | 16 | 17 | 18 |
| 19 | 20 | 21 | 22 | 23 | 24 | 25 |
| 26 | 27 | 28 | 29 | 30 | 31 | |

7/6　特別なスタートライン。新しいことを始められる。目新しいことが起こる。素敵な節目。

7/21-9/5　「隠れた敵」とストレートに闘える時間。コンプレックスや認知の歪みなどを根本的に昇華できる。問題に対峙し、見事解決できる。その始まりの7/21、人間関係全体が大きく「動く」節目。誰かが熱い協力を申し出てくれるかも。

8/5-8/15　懐かしい人から連絡が来るかも。かつて訪れた場所を再訪する人も。「学び直す」好機でもある。学びやコミュニケーションの喜びを再発見できる。「楽しさ」に立ち返れる時。

8/15-8/29　お金や物に関して「戻ってくる」ものがある。失せ物が出てくる。損失を取り返せる。経済の混乱は、時間が解決してくれる。「棚卸し」のような作業も。

8/29-9/23　家の中が愛に溢れる。暮らしが楽しく、ゆたかになる。家族や身近な人との関係が好転する。家で楽しめることが増える。

# 9 ·SEPTEMBER·

| mon | tue | wed | thu | fri | sat | sun |
|-----|-----|-----|-----|-----|-----|-----|
|     |     |     |     |     |     | 1   |
| 2   | 3   | 4   | 5   | 6   | 7   | 8   |
| 9   | 10  | 11  | 12  | 13  | 14  | 15  |
| 16  | 17  | ⑱   | 19  | 20  | 21  | 22  |
| 23  | 24  | 25  | 26  | 27  | 28  | 29  |
| 30  |     |     |     |     |     |     |

# 10 ·OCTOBER·

| mon | tue | wed | thu | fri | sat | sun |
|-----|-----|-----|-----|-----|-----|-----|
|     | 1   | 2   | ③   | 4   | 5   | 6   |
| 7   | 8   | 9   | 10  | 11  | 12  | 13  |
| 14  | 15  | 16  | ⑰   | 18  | 19  | 20  |
| 21  | 22  | 23  | 24  | 25  | 26  | 27  |
| 28  | 29  | 30  | 31  |     |     |     |

9/5–11/4　勝負の時。ガンガンチャレンジできる。自分から何か新しいことを起ち上げる人も。自分自身との闘いに勝てる。自分の情熱と関わっている相手の熱情がぶつかりあい、新しいものが生まれる。2008年頃からの人間関係の中で人から受け取ってきた力、思いが、自分自身の情熱として根付いた、という実感が湧くかも。

9/18　遠くから意外なメッセージが届くかも。招聘、招待を受ける人も。知的活動において、大きな成果を挙げる人も。

10/3　居場所に新風が吹き込む。生活の中に新メンバーが加わる。生活を包む風景がパッと変わるようなタイミング。

10/17　大きな目標を達成できる。仕事や対外的な活動で大きな成果を挙げられる。

# 11 • NOVEMBER •

| mon | tue | wed | thu | fri | sat | sun |
|-----|-----|-----|-----|-----|-----|-----|
|     |     |     |     | 1   | 2   | 3   |
| 4   | 5   | 6   | 7   | 8   | 9   | 10  |
| 11  | 12  | 13  | 14  | 15  | 16  | 17  |
| 18  | 19  | ⑳  | 21  | 22  | 23  | 24  |
| 25  | 26  | 27  | 28  | 29  | 30  |     |

# 12 • DECEMBER •

| mon | tue | wed | thu | fri | sat | sun |
|-----|-----|-----|-----|-----|-----|-----|
|     |     |     |     |     |     | 1   |
| 2   | 3   | 4   | 5   | 6   | 7   | 8   |
| 9   | 10  | 11  | 12  | 13  | 14  | 15  |
| 16  | 17  | 18  | 19  | 20  | 21  | 22  |
| 23  | 24  | 25  | 26  | 27  | 28  | 29  |
| 30  | 31  |     |     |     |     |     |

11/12-12/7　人に恵まれる時。パートナーシップや恋愛にも、強い追い風が吹く。15年ほどに及ぶ長い関わりの中で、非常に強い愛の結びつきが生まれたことを実感できるかも。

11/20　ここから2043年に向けて、経済活動が何倍にもスケールアップする。大きな経済活動の渦に入り込んでいくことになりそう。他者の財、大きな財を扱うことになる。特別なものを受け継ぐ時。

**11/26-12/16　生活習慣や働き方、健康状態などを、徹底的に見直せる時。この時期体調不良が起こったら、暮らしの中に変えるべきことがありそう。心身のコンディションに目を向けて。**

12/7-2025/1/6　熱い経済活動の時間。精力的に稼ぎ、欲しいものを手に入れられる。お金が大きく動く時。自分の欲と関わっている人やパートナーの欲が、強く共鳴する。新たな経済活動が始まる。

# 2024年のプチ占い（天秤座〜魚座）

**天秤座（9/24-10/23生まれ）**

出会いとギフトの年。自分では決して出会えないようなものを、色々な人から手渡される。チャンスを作ってもらえたり、素敵な人と繋げてもらえたりするかも。年の後半は大冒険と学びの時間に入る。

**蠍座（10/24-11/22生まれ）**

パートナーシップと人間関係の年。普段関わるメンバーが一変したり、他者との関わり方が大きく変わったりする。人と会う機会が増える。素晴らしい出会いに恵まれる。人から受け取るものが多い年。

**射手座（11/23-12/21生まれ）**

働き方や暮らし方を大きく変えることになるかも。健康上の問題を抱えていた人は、心身のコンディションが好転する可能性が。年の半ば以降は、出会いと関わりの時間に入る。パートナーを得る人も。

**山羊座（12/22-1/20生まれ）**

2008年頃からの「魔法」が解けるかも。執着やこだわり、妄念から解き放たれる。深い心の自由を得られる。年の前半は素晴らしい愛と創造の季節。楽しいことが目白押し。後半は新たな役割を得る人も。

**水瓶座（1/21-2/19生まれ）**

野心に火がつく。どうしても成し遂げたいことに出会えるかも。自分を縛ってきた鎖を粉砕するような試みができる。年の前半は新たな居場所を見つけられるかも。後半はキラキラの愛と創造の時間へ。

**魚座（2/20-3/20生まれ）**

コツコツ続けてきたことが、だんだんと形になる。理解者に恵まれ、あちこちから意外な助け船を出してもらえる年。年の半ばから約1年の中で、新しい家族が増えたり、新たな住処を見つけたりできる。

（※牡羊座〜乙女座はP30）

HOSHIORI

# 星のサイクル
# 海王星

## ✳️ 海王星のサイクル

　現在魚座に滞在中の海王星は、2025年3月に牡羊座へと移動を開始し、2026年1月に移動を完了します。つまり今、私たちは2012年頃からの「魚座海王星時代」を後にし、新しい「牡羊座海王星時代」を目前にしているのです。海王星のサイクルは約165年ですから、一つの星座の海王星を体験できるのはいずれも、一生に一度です。海王星は幻想、理想、夢、無意識、音楽、映像、海、オイル、匂いなど、目に見えないもの、手で触れないものに関係の深い星です。現実と理想、事実と想像、生と死を、私たちは生活の中で厳密に分けていますが、たとえば詩や映画、音楽などの世界では、その境界線は極めて曖昧になります。さらに、日々の生活の中でもごくマレに、両者の境界線が消える瞬間があります。その時私たちは、人生の非常に重要な、ある意味危険な転機を迎えます。「精神のイニシエーション」をしばしば、私たちは海王星とともに過ごすのです。以下、来年からの新しい「牡羊座海王星時代」を、少し先取りして考えてみたいと思います。

## 海王星のサイクル年表 (詳しくは次のページへ)

| 時　期 | 蟹座のあなたにとってのテーマ |
|---|---|
| 1928年 - 1943年 | 価値観、世界観の精神的アップデート |
| 1942年 - 1957年 | 居場所、水、清らかな感情 |
| 1955年 - 1970年 | 愛の救い、愛の夢 |
| 1970年 - 1984年 | 心の生活、セルフケアの重要性 |
| 1984年 - 1998年 | 「他者との関わり」という救い |
| 1998年 - 2012年 | 経済活動が「大きく回る」時 |
| 2011年 - 2026年 | 精神の学び |
| 2025年 - 2039年 | 人生の、真の精神的目的 |
| 2038年 - 2052年 | できるだけ美しい夢を描く |
| 2051年 - 2066年 | 大スケールの「救い」のプロセス |
| 2065年 - 2079年 | コントロール不能な、精神的成長の過程 |
| 2078年 - 2093年 | 魂とお金の関係 |

※時期について／海王星は順行・逆行を繰り返すため、星座の境界線を
何度か往復してから移動を完了する。上記の表で、開始時は最初の移動の
タイミング、終了時は移動完了のタイミング。

◆ **1928‐1943年 価値観、世界観の精神的アップデート**
誰もが自分のイマジネーションの世界を生きています。どんなに「目の前の現実」を生きているつもりでも、自分自身の思い込み、すなわち「世界観」の外には、出られないのです。そうした「世界観」の柱となるのが、価値観や思想です。そうした世界観、枠組みに、大スケールのアップデートが起こります。

◆ **1942‐1957年 居場所、水、清らかな感情**
心の風景と実際の生活の場の風景を、時間をかけて「洗い上げる」ような時間です。家族や「身内」と呼べる人たちとの深い心の交流が生まれます。居場所や家族との関係の変容がそのまま、精神的成長に繋がります。物理的な居場所のメンテナンスが必要になる場合も。特に水回りの整備が重要な時です。

◆ **1955‐1970年 愛の救い、愛の夢**
感受性がゆたかさを増し、才能と個性が外界に向かって大きく開かれて、素晴らしい創造性を発揮できる時です。人の心を揺さぶるもの、人を救うものなどを、あなたの活動によって生み出せます。誰もが心の中になんらかの痛みや傷を抱いていますが、そうした傷を愛の体験を通して「癒し合える」時です。

◆ **1970‐1984年 心の生活、セルフケアの重要性**
できる限りワガママに「自分にとっての、真に理想と言える生活のしかた」を作ってゆく必要があります。自分の精神や「魂」が心底求めている暮らし方を、時間をかけて創造できます。もっともらしい精神論に惑わされて自分を見失わないで。他者にするのと同じくらい、自分自身をケアしたい時です。

### ◈1984-1998年 「他者との関わり」という救い

人から精神的な影響を受ける時期です。一対一での他者との関わりの中で、自分の考え方や価値観の独特な癖に気づかされ、さらに「救い」を得られます。相手が特に「救おう」というつもりがなくとも、その関係の深まり自体が救いとなるのです。人生を変えるような、大きな心の結びつきを紡ぐ時間です。

### ◈1998-2012年 経済活動が「大きく回る」時

「人のために、自分の持つ力を用いる」という意識を持つことと、「自分ではどうにもできないこと」をありのままに受け止めること。この二つのスタンスが、あなたを取り巻く経済活動を大きく活性化させます。無欲になればなるほど豊かさが増し、生活の流れが良くなるのです。性愛の夢を生きる人も。

### ◈2011-2026年 精神の学び

ここでの学びの目的は単に知識を得ることではなく、学びを通した精神的成長です。学びのプロセスは言わば「手段」です。「そんなことを学んで、なんの役に立つの？」と聞かれ、うまく答えられないようなことこそが、この時期真に学ぶべきテーマだからです。学びを通して、救いを得る人もいるはずです。

### ◈2025-2039年 人生の、真の精神的目的

仕事で大成功して「これはお金のためにやったのではない」と言う人がいます。「では、なんのためなのか」は、その人の精神に、答えがあります。この時期、あなたは自分の人生において真に目指せるものに出会うでしょう。あるいは、多くの人から賞賛されるような「名誉」を手にする人もいるはずです。

◆ **2038-2052年　できるだけ美しい夢を描く**

人生で一番美しく、大きく、素敵な夢を描ける時です。その夢
が実現するかどうかより、できるだけ素晴らしい夢を描くとい
うこと自体が重要です。夢を見たことがある人と、そうでない
人では、人生観も大きく異なるからです。大きな夢を描き、希
望を抱くことで、人生で最も大切な何かを手に入れられます。

◆ **2051-2066年　大スケールの「救い」のプロセス**

あなたにとって「究極の望み」「一番最後の望み」があるとした
ら、どんな望みでしょうか。「一つだけ願いを叶えてあげるよ」
と言われたら、何を望むか。この命題に、新しい答えを見つけ
られます。「一つだけ叶う願い」は、あなたの心の救いとなり、
さらに、あなたの大切な人を救う原動力ともなります。

◆ **2065-2079年　コントロール不能な、精神的成長の過程**

「自分」が靄に包まれたように見えなくなり、アイデンティティ
を見失うことがあるかもしれません。意識的なコントロールや
努力を離れたところで、人生の神髄に触れ、精神的な成長が深
まります。この時期を終える頃、決して衰えることも傷つくこ
ともない、素晴らしい人間的魅力が備わります。

◆ **2078-2093年　魂とお金の関係**

経済活動は「計算」が基本です。ですがこの時期は不思議と「計
算が合わない」傾向があります。世の経済活動の多くは、実際
には「割り切れないこと」だらけです。こうした「1＋1＝2」
にならない経済活動の秘密を見つめるための「心の力」が成長
する時期です。魂とお金の関係の再構築が進みます。

## 〜先取り！ 2025年からのあなたの「海王星時代」〜
## 人生の、真の精神的目的

　仕事で大成功して「これはお金のためにやったのではない」と言う人がいます。「では、なんのためなのか」は、その人の精神に、答えがあるはずです。この時期、あなたは自分の人生において真に目指していきたいものに出会うでしょう。あるいは多くの人から賞賛されるような「名誉」を手にすることになるかもしれません。仕事や対外的な活動を通して、お金以外の何かを手に入れ、精神的に大きく成長できる時なのです。

　一方、この時期に社会的アイデンティティを見失ったり、実績に自信が持てなくなったりする人もいるかもしれません。自分の取り組んでいる活動について、「幻想を打ち砕かれる」ようなことも起こるかもしれません。そうした深い喪失の中でもあなたは少しずつ前進し、人生の真の目的を探し当てます。この時期が終わる頃には、靄（もや）の向こう側に出られるはずです。

　この時期、大きすぎる責任を背負い、呻吟（しんぎん）する場面もあるかもしれません。仕事や自分の社会的役割のために、自分自身を過剰に犠牲にし、苦しむ人もいそう

です。子育てや介護なども「社会的役割」の一つです。自分一人で全てを抱え込み、その辛さを理解してくれる人もなく、苦しみを一人で耐え抜いているなら、それは重荷に過ぎます。なんとかして自分の苦境を誰かにわかってもらい、その状況を変える手助けをしてもらうことが大切です。「責任」という幻想に飲み込まれないよう、踏み止まる勇気が必要なのです。

　「キラキラしている人々」を見て妬みに苦しむ人もいるかもしれません。何でもできる人、子育ても仕事も素晴らしくこなして活躍している人、自分が憧れた世界で大成功を収めている人。そんな人を見上げては自分の現状と比べ、苦しくなってしまう人は、現代社会に少なくありません。もしあなたがそんな苦悩を抱えているなら、その「憧れの人の姿」は、幻想に過ぎません。人生において、本当に誇りとできること、名誉に思えることは、どんなことでしょうか。人生の中で最も大切なこと、人生を賭けてでも目指す価値のあることがあるとすれば、それはどんなことでしょうか。たぶん「キラキラすること」とは別のことが、そのあたりから見えてくるのではないかと思います。

# 12星座プロフィール

# 蟹座のプロフィール
感情の星座

//////////////////////////////////////////////////////////// **I feel.**

## キャラクター

### ◆「守る」星座

蟹座の人々は「自分の心において、大切なものを全力で守る」ことを行動原理としています。一般に「母性的」「家庭的」などと言われますが、たとえ家族であっても、心から「大切だ」と思えなければ、蟹座の人は決して、それを守ることをしません。ゆえに、蟹座の人の中には「母性的」というキーワードに違和感を覚える人が少なくないのです。

蟹座の人の心は、生き物の蟹によく似て、かたい甲羅で覆われています。その甲羅の中は、あたたかくて勢いの良い「感情」で充たされています。蟹座の人々は、愛しい人や大切な人、親しみを感じた相手などを、すべてこの甲羅の中に入れて、自分自身と同じように扱い、守るのです。

### ◆ 恐怖心と勇気

蟹座の人々は行動力と活力に溢れ、とても積極的です。自分から新しいことを始めるのも得意で、しばしば誰にも相談せずに大きな決断をするため、周囲を驚かせることも

あります。

　大切なものを守るために攻撃が必要なときは、果敢に戦います。何かを守るための戦いですから、敵に対しては容赦ない攻撃を加え、徹底的に倒そうとします。蟹座の人が怒り、戦い始めると、かなり痛烈なものになります。なぜなら、敵に対するあわれみよりも、味方を守ろうとする思いが勝るからです。蟹座の人の怒りや攻撃は、心の奥底で「自分や大事なものを傷つけられるのではないか」という恐怖心と結びついています。蟹座の人は、恐怖が強ければ強いほど、攻撃は勢いを増し、勇敢になっていくのです。

### ◆ 脱皮と変容

　かたい甲羅で大事な人だけを守る蟹座の人は、「内弁慶」「臆病」と言われるような態度を見せることがあります。また、親しい人にはとてもオープンなのに、知らない人には非常に冷たく厳しい態度を見せることもあります。内側はやわらかく、外側に対しては痛烈、というのは、前述の蟹の「甲羅」の構造の通りです。

　ですが、蟹は脱皮を繰り返して、大きくなっていきます。蟹座の人の心もまた、脱皮を繰り返して成長します。甲羅が小さなうちは、文字通り「狭量な心」しか持っていませんが、甲羅が大きくなるほど、だんだんにたくさんのもの

を「守るべきもの」として受け入れていくことができます。蟹座の人の心が最も大きくなると、甲羅の中にすっぽりと全世界を受け入れてしまうこともできるはずなのです。そこではもう、戦うべき敵は甲羅の外にはありません。未知のものを恐れ、かたい甲羅の外側に打ち払うことなく、すべての問題を自分のものとして考える、限りなく広い心を持つことができるようになります。

◆ 模倣の才能

　蟹座の人は、マネをしながら物事を習得する傾向があります。完全にコピーするのではなく、肝心なところやおおまかな型を見習って、そこに独自のアイデアを加えていくのが上手です。

◆ 水の星座

　水は星占いの世界で「感情」を象徴します。喜怒哀楽、人への深い共感や情愛などを「水」が象徴するのです。水は捉えどころがなく、海のように満ち引きすることもあります。ゆえに「気まぐれ」と言われることもあります。確かに、感情的になったときと穏やかなときの変化が大きく、意見も気持ちの変化に沿ってころころ変わることもあります。ですが、水はすべてを洗い流し、潤す力です。蟹座の水は

小川や池の水など、キラキラした淡水で、言わば「飲める水」です。

支配星・神話

### ◆ 月

　蟹座の支配星は、月です。全天で、太陽に次いで明るい天体に守られた蟹座という星座は、実は非常に「明るい」星座なのです。太陽が蟹座に入るタイミングは「夏至」で、1年で最も日が長くなる、いわば「光の時間」です。蟹座の人々は「感情的」と言われることが多いのですが、その一方で夏の昼間の太陽光のように、決然とした意志のもと、活動する傾向があります。

　月は満ち欠けを繰り返す、「変化」の象徴です。とはいえ、月が「本当に」欠けてしまっているわけではないように、蟹座の人も、感情をその時々で様々に揺らしつつも、その根本のところにある愛情は、いつも変わらないのです。

### ◆ ヘラの使者

　蟹座の神話は少々あわれです。英雄ヘラクレスが怪物ヒュドラを倒そうとした際、一匹の大蟹がヒュドラに加勢しました。大蟹はハサミでヘラクレスの足を掴んで惑わそうとしましたが、英雄は大蟹を片足でぐいと踏み殺してしま

いました。ヘラはこの蟹の勇気をあわれみ、星座にしたのです。

　一説には、大蟹はヒュドラの親友だったとされます。蟹座の人々は、感情が高ぶり、思いに突き動かされると、平素の臆病さは吹き飛んでしまい、驚くほど勇敢なことをやってのけるのです。そして、大蟹のようにあえなく失敗したとしても、決して嘆きはしないのです。

### 蟹座の才能

　人を安心させることが上手で、どんな場でも和やかに、楽しくすることができます。防御能力が高く、危機管理に優れています。状況の突発的な変化に対し、柔軟かつ積極的に対応できます。特に、自分のことではなく大切な人のこととなると、誰よりも高い対応力を発揮することができるようです。前述の通り「感情」の星座である蟹座の人々は、感情を表現すること、心を伝え、人の心を動かすことにも長けています。ゆえに「表現者」として強い魅力を発揮する人が少なくありません。

## 牡羊座　はじまりの星座

I am.

### 素敵なところ

裏表がなく純粋で、自他を比較しません。明るく前向きで、正義感が強く、諍い（いさかい）のあともさっぱりしています。欲しいものを欲しいと言える勇気、自己主張する勇気、誤りを認める勇気の持ち主です。

### キーワード

勢い／勝負／果断／負けず嫌い／せっかち／能動的／スポーツ／ヒーロー・ヒロイン／華やかさ／アウトドア／草原／野生／丘陵／動物愛／議論好き／肯定的／帽子・頭部を飾るもの／スピード／赤

 ## 牡牛座　五感の星座

I have.

### 素敵なところ

感情が安定していて、態度に一貫性があります。知識や経験をたゆまずゆっくり、たくさん身につけます。穏やかでも不思議な存在感があり、周囲の人を安心させます。美意識が際立っています。

### キーワード

感覚／色彩／快さ／リズム／マイペース／芸術／暢気（のんき）／贅沢／コレクション／一貫性／素直さと頑固さ／価値あるもの／美声・歌／料理／庭造り／変化を嫌う／積み重ね／エレガント／レモン色／白

 ## 双子座　知と言葉の星座

I think.

### 素敵なところ

イマジネーション能力が高く、言葉と物語を愛するユニークな人々です。フットワークが良く、センサーが敏感で、いくつになっても若々しく見えます。場の空気・状況を変える力を持っています。

### キーワード

言葉／コミュニケーション／取引・ビジネス／相対性／比較／関連づけ／物語／比喩／移動／旅／ジャーナリズム／靴／天使・翼／小鳥／桜色／桃色／空色／文庫本／文房具／手紙

**蟹座** 感情の星座　　　　　　　　　　　　　　*I feel.*

### 素敵なところ

心優しく、共感力が強く、人の世話をするときに手間を惜しみません。行動力に富み、人にあまり相談せずに大胆なアクションを起こすことがありますが、「聞けばちゃんと応えてくれる」人々です。

### キーワード

感情／変化／月／守護・保護／日常生活／行動力／共感／安心／繰り返すこと／拒否／生活力／フルーツ／アーモンド／巣穴／胸部、乳房／乳白色／銀色／真珠

 **獅子座** 意思の星座　　　　　　　　　　　　　　*I will.*

### 素敵なところ

太陽のように肯定的で、安定感があります。深い自信を持っており、側にいる人を安心させることができます。人を頷(うなず)かせる力、一目置かせる力、パワー感を持っています。内面には非常に繊細な部分も。

### キーワード

強さ／クールさ／肯定的／安定感／ゴールド／背中／自己表現／演技／芸術／暖炉／広場／人の集まる賑やかな場所／劇場・舞台／お城／愛／子供／緋色／パープル／緑

 **乙女座** 分析の星座　　　　　　　　　　　　　*I analyze.*

### 素敵なところ

一見クールに見えるのですが、とても優しく世話好きな人々です。他者に対する観察眼が鋭く、シャープな批評を口にしますが、その相手の変化や成長を心から喜べる、「教育者」の顔を持っています。

### キーワード

感受性の鋭さ／「気が利く」人／世話好き／働き者／デザイン／コンサバティブ／胃腸／神経質／分析／調合／変化／回復の早さ／迷いやすさ／研究家／清潔／ブルーブラック／空色／桃色

## 天秤座　関わりの星座

I balance.

**素敵なところ**

高い知性に恵まれると同時に、人に対する深い愛を抱いています。視野が広く、客観性を重視し、細やかな気遣いができます。内側には熱い情熱を秘めていて、個性的なこだわりや競争心が強い面も。

**キーワード**

人間関係／客観視／合理性／比較対象／美／吟味／審美眼／評価／選択／平和／交渉／結婚／諍い(いさか)／調停／パートナーシップ／契約／洗練／豪奢／黒／芥子色(からし)／深紅色／水色／薄い緑色／ベージュ

## 蠍座　情熱の星座

I desire.

**素敵なところ**

意志が強く、感情に一貫性があり、愛情深い人々です。一度愛したものはずっと長く愛し続けることができます。信頼に足る、芯の強さを持つ人です。粘り強く努力し、不可能を可能に変えます。

**キーワード**

融け合う心／継承／遺伝／魅力／支配／提供／共有／非常に古い記憶／放出／流動／隠されたもの／湖沼／果樹園／庭／葡萄酒／琥珀／茶色／濃い赤／カギつきの箱／ギフト

## 射手座　冒険の星座

I understand.

**素敵なところ**

冒険心に富む、オープンマインドの人々です。自他に対してごく肯定的で、恐れを知らぬ勇気と明るさで周囲を照らし出します。自分の信じるものに向かってまっすぐに生きる強さを持っています。

**キーワード**

冒険／挑戦／賭け／負けず嫌い／馬や牛など大きな動物／遠い外国／語学／宗教／理想／哲学／おおらかさ／自由／普遍性／スピードの出る乗り物／船／黄色／緑色／ターコイズブルー／グレー

**山羊座**　実現の星座　　　　　　　　　　　I use.

### 素敵なところ

夢を現実に変えることのできる人々です。自分個人の世界だけに収まる小さな夢ではなく、世の中を変えるような、大きな夢を叶えることができる力を持っています。優しく力強く、芸術的な人です。

### キーワード

城を築く／行動力／実現／責任感／守備／権力／支配者／組織／芸術／伝統／骨董品／彫刻／寺院／華やかな色彩／ゴージャス／大きな楽器／黒／焦げ茶色／薄い茜色／深緑

 **水瓶座**　思考と自由の星座　　　　　　　　I know.

### 素敵なところ

自分の頭でゼロから考えようとする、澄んだ思考の持ち主です。友情に篤く、損得抜きで人と関わろうとする、静かな情熱を秘めています。ユニークなアイデアを実行に移すときは無二の輝きを放ちます。

### キーワード

自由／友情／公平・平等／時代の流れ／流行／メカニズム／合理性／ユニセックス／神秘的／宇宙／飛行機／通信技術／電気／メタリック／スカイブルー／チェック、ストライプ

 **魚座**　透明な心の星座　　　　　　　　　　I believe.

### 素敵なところ

人と人とを分ける境界線を、自由自在に越えていく不思議な力の持ち主です。人の心にするりと入り込み、相手を支え慰めることができます。場や世界を包み込むような大きな心を持っています。

### キーワード

変容／変身／愛／海／救済／犠牲／崇高／聖なるもの／無制限／変幻自在／天衣無縫／幻想／瞑想／蠱惑／エキゾチック／ミステリアス／シースルー／黎明／白／ターコイズブルー／マリンブルー

# 用語解説

## 星の逆行

　星占いで用いる星々のうち、太陽と月以外の惑星と冥王星は、しばしば「逆行」します。これは、星が実際に軌道を逆走するのではなく、あくまで「地球からそう見える」ということです。

　たとえば同じ方向に向かう特急電車が普通電車を追い抜くとき、相手が後退しているように見えます。「星の逆行」は、この現象に似ています。地球も他の惑星と同様、太陽のまわりをぐるぐる回っています。ゆえに一方がもう一方を追い抜くとき、あるいは太陽の向こう側に回ったときに、相手が「逆走している」ように見えるのです。

　星占いの世界では、星が逆行するとき、その星の担うテーマにおいて停滞や混乱、イレギュラーなことが起こる、と解釈されることが一般的です。ただし、この「イレギュラー」は「不運・望ましくない展開」なのかというと、そうではありません。

　私たちは自分なりの推測や想像に基づいて未来の計画を立て、無意識に期待し、「次に起こること」を待ち受けます。その「待ち受けている」場所に思い通りのボールが飛んでこなかったとき、苛立ちや焦り、不安などを感じます。でも、そのこと自体が「悪いこと」かというと、決してそうではないはずです。なぜなら、人間の推測や想像には、限界があるか

らです。推測通りにならないことと、「不運」はまったく別のことです。

　星の逆行時は、私たちの推測や計画と、実際に巡ってくる未来とが「噛み合いにくい」ときと言えます。ゆえに、現実に起こる出来事全体が、言わば「ガイド役・導き手」となります。目の前に起こる出来事に導いてもらうような形で先に進み、いつしか、自分の想像力では辿り着けなかった場所に「つれていってもらえる」わけです。

　水星の逆行は年に三度ほど、一回につき3週間程度で起こります。金星は約1年半ごと、火星は2年に一度ほど、他の星は毎年太陽の反対側に回る数ヵ月、それぞれ逆行します。

　たとえば水星逆行時は、以下のようなことが言われます。

◆失せ物が出てくる／この時期なくしたものはあとで出てくる
◆ 旧友と再会できる
◆ 交通、コミュニケーションが混乱する
◆ 予定の変更、物事の停滞、遅延、やり直しが発生する

　これらは「悪いこと」ではなく、無意識に通り過ぎてしまった場所に忘れ物を取りに行くような、あるいは、トンネルを通って山の向こうへ出るような動きです。掛け違えたボタンを外してはめ直すようなことができる時間なのです。

## ボイドタイム―月のボイド・オブ・コース

　ボイドタイムとは、正式には「月のボイド・オブ・コース」
となります。実は、月以外の星にもボイドはあるのですが、月
のボイドタイムは3日に一度という頻度で巡ってくるので、
最も親しみやすい（？）時間と言えます。ボイドタイムの定
義は「その星が今いる星座を出るまで、他の星とアスペクト
（特別な角度）を結ばない時間帯」です。詳しくは占星術の教
科書などをあたってみて下さい。

　月のボイドタイムには、一般に、以下のようなことが言わ
れています。

◆ 予定していたことが起こらない／想定外のことが起こる

◆ ボイドタイムに着手したことは無効になる

◆ 期待通りの結果にならない

◆ ここでの心配事はあまり意味がない

◆ 取り越し苦労をしやすい

◆ 衝動買いをしやすい

◆ この時間に占いをしても、無効になる。意味がない

　ボイドをとても嫌う人も少なくないのですが、これらをよ
く見ると、「悪いことが起こる」時間ではなく、「あまりいろ
いろ気にしなくてもいい時間」と思えないでしょうか。

とはいえ、たとえば大事な手術や面接、会議などがこの時間帯に重なっていると「予定を変更したほうがいいかな？」という気持ちになる人もいると思います。

　この件では、占い手によっても様々に意見が分かれます。その人の人生観や世界観によって、解釈が変わり得る要素だと思います。

　以下は私の意見なのですが、大事な予定があって、そこにボイドや逆行が重なっていても、私自身はまったく気にしません。

　では、ボイドタイムは何の役に立つのでしょうか。一番役に立つのは「ボイドの終わる時間」です。ボイド終了時間は、星が星座から星座へ、ハウスからハウスへ移動する瞬間です。つまり、ここから新しい時間が始まるのです。

　たとえば、何かうまくいかないことがあったなら、「366日のカレンダー」を見て、ボイドタイムを確認します。もしボイドだったら、ボイド終了後に、物事が好転するかもしれません。待っているものが来るかもしれません。辛い待ち時間や気持ちの落ち込んだ時間は、決して「永遠」ではないのです。

## 月齢について

　本書では月の位置している星座から、自分にとっての「ハウス」を読み取り、毎日の「月のテーマ」を紹介しています。ですが月にはもう一つの「時計」としての機能があります。それは、「満ち欠け」です。

　月は1ヵ月弱のサイクルで満ち欠けを繰り返します。夕方に月がふと目に入るのは、新月から満月へと月が膨らんでいく時間です。満月から新月へと月が欠けていく時間は、月が夜遅くから明け方でないと姿を現さなくなります。

　夕方に月が見える・膨らんでいく時間は「明るい月の時間」で、物事も発展的に成長・拡大していくと考えられています。一方、月がなかなか出てこない・欠けていく時間は「暗い月の時間」で、物事が縮小・凝縮していく時間となります。

　これらのことはもちろん、科学的な裏付けがあるわけではなく、あくまで「古くからの言い伝え」に近いものです。

　新月と満月のサイクルは「時間の死と再生のサイクル」です。このサイクルは、植物が繁茂しては枯れ、種によって子孫を残す、というイメージに重なります。「死」は本当の「死」ではなく、種や球根が一見眠っているように見える、その状態を意味します。

　そんな月の時間のイメージを、図にしてみました。

**【新月】**
種蒔き

芽が出る、新しいことを始める、目標を決める、新品を下ろす、髪を切る、悪癖をやめる、コスメなど、古いものを新しいものに替える

**【上弦】**
成長

勢い良く成長していく、物事を付け加える、増やす、広げる、決定していく、少し一本調子になりがち

**【満月】**
開花、
結実

達成、到達、充実、種の拡散、実を収穫する、人間関係の拡大、ロングスパンでの計画、このタイミングにゴールや〆切りを設定しておく

**【下弦】**
貯蔵、
配分

加工、貯蔵、未来を見越した作業、不要品の処分、故障したものの修理、古物の再利用を考える、蒔くべき種の選別、ダイエット開始、新月の直前、材木を切り出す

**【新月】**
次の
種蒔き

新しい始まり、仕切り直し、軌道修正、過去とは違った選択、変更

```
┌─────────────────────┐
│  月のフェーズ  ＞
└─────────────────────┘
```

以下、月のフェーズを六つに分けて説明してみます。

### ● 新月　New moon

「スタート」です。時間がリセットされ、新しい時間が始まる！というイメージのタイミングです。この日を境に悩みや迷いから抜け出せる人も多いようです。とはいえ新月の当日は、気持ちが少し不安定になる、という人もいるようです。細い針のような月が姿を現す頃には、フレッシュで爽やかな気持ちになれるはずです。日食は「特別な新月」で、1年に二度ほど起こります。ロングスパンでの「始まり」のときです。

### ◗ 三日月〜◖ 上弦の月　Waxing crescent - First quarter moon

ほっそりした月が半月に向かうに従って、春の草花が生き生きと繁茂するように、物事が勢い良く成長・拡大していきます。大きく育てたいものをどんどん仕込んでいけるときです。

### ◖ 十三夜月〜小望月（こもちづき）　Waxing gibbous moon

少量の水より、大量の水を運ぶときのほうが慎重さを必要とします。それにも似て、この時期は物事が「完成形」に近づき、細かい目配りや粘り強さ、慎重さが必要になるようです。一歩一歩確かめながら、満月というゴールに向かいます。

## ○ 満月　Full moon

新月からおよそ2週間、物事がピークに達するタイミングです。文字通り「満ちる」ときで、「満を持して」実行に移せることもあるでしょう。大事なイベントが満月の日に計画されている、ということもよくあります。意識してそうしたのでなくとも、関係者の予定を繰り合わせたところ、自然と満月前後に物事のゴールが置かれることがあるのです。

月食は「特別な満月」で、半年から1年といったロングスパンでの「到達点」です。長期的なプロセスにおける「折り返し地点」のような出来事が起こりやすいときです。

## ◗ 十六夜の月〜寝待月　Waning gibbous moon

樹木の苗や球根を植えたい時期です。時間をかけて育てていくようなテーマが、ここでスタートさせやすいのです。また、細くなっていく月に擬えて、ダイエットを始めるのにも良い、とも言われます。植物が種をできるだけ広くまき散らそうとするように、人間関係が広がるのもこの時期です。

## ◗ 下弦の月〜 ◖ 二十六夜月　Last quarter - Waning crescent moon

秋から冬に球根が力を蓄えるように、ここでは「成熟」がテーマとなります。物事を手の中にしっかり掌握し、力をためつつ「次」を見据えてゆっくり動くときです。いたずらに物珍しいことに踊らされない、どっしりした姿勢が似合います。

## ◆ 太陽星座早見表　蟹座

（1930～2025年／日本時間）

太陽が蟹座に滞在する時間帯を下記の表にまとめました。
これより前は双子座、これより後は獅子座ということになります。

| 生まれた年 | 期　　間 | 生まれた年 | 期　　間 |
|---|---|---|---|
| 1930 | 6/22　12:53　～　7/23　23:41 | 1954 | 6/22　7:54　～　7/23　18:44 |
| 1931 | 6/22　18:28　～　7/24　5:20 | 1955 | 6/22　13:31　～　7/24　0:24 |
| 1932 | 6/22　0:23　～　7/23　11:17 | 1956 | 6/21　19:24　～　7/23　6:19 |
| 1933 | 6/22　6:12　～　7/23　17:04 | 1957 | 6/22　1:21　～　7/23　12:14 |
| 1934 | 6/22　11:48　～　7/23　22:41 | 1958 | 6/22　6:57　～　7/23　17:49 |
| 1935 | 6/22　17:38　～　7/24　4:32 | 1959 | 6/22　12:50　～　7/23　23:44 |
| 1936 | 6/21　23:22　～　7/23　10:17 | 1960 | 6/21　18:42　～　7/23　5:36 |
| 1937 | 6/22　5:12　～　7/23　16:06 | 1961 | 6/22　0:30　～　7/23　11:23 |
| 1938 | 6/22　11:04　～　7/23　21:56 | 1962 | 6/22　6:24　～　7/23　17:17 |
| 1939 | 6/22　16:39　～　7/24　3:36 | 1963 | 6/22　12:04　～　7/23　22:58 |
| 1940 | 6/21　22:36　～　7/23　9:33 | 1964 | 6/21　17:57　～　7/23　4:52 |
| 1941 | 6/22　4:33　～　7/23　15:25 | 1965 | 6/22　23:56　～　7/23　10:47 |
| 1942 | 6/22　10:16　～　7/23　21:06 | 1966 | 6/22　5:33　～　7/23　16:22 |
| 1943 | 6/22　16:12　～　7/24　3:04 | 1967 | 6/22　11:23　～　7/23　22:15 |
| 1944 | 6/21　22:02　～　7/23　8:55 | 1968 | 6/21　17:13　～　7/23　4:06 |
| 1945 | 6/22　3:52　～　7/23　14:44 | 1969 | 6/22　22:55　～　7/23　9:47 |
| 1946 | 6/22　9:44　～　7/23　20:36 | 1970 | 6/22　4:43　～　7/23　15:36 |
| 1947 | 6/22　15:19　～　7/23　2:13 | 1971 | 6/22　10:20　～　7/23　21:14 |
| 1948 | 6/21　21:11　～　7/23　8:07 | 1972 | 6/21　16:06　～　7/23　3:02 |
| 1949 | 6/22　3:03　～　7/23　13:56 | 1973 | 6/21　22:01　～　7/23　8:55 |
| 1950 | 6/22　8:36　～　7/23　19:29 | 1974 | 6/22　3:38　～　7/23　14:29 |
| 1951 | 6/22　14:25　～　7/24　1:20 | 1975 | 6/22　9:26　～　7/23　20:21 |
| 1952 | 6/21　20:13　～　7/23　7:07 | 1976 | 6/21　15:24　～　7/23　2:17 |
| 1953 | 6/22　2:00　～　7/23　12:51 | 1977 | 6/21　21:14　～　7/23　8:03 |

| 生まれた年 | 期 間 |
|---|---|
| 1978 | 6/22　3:10　~　7/23　13:59 |
| 1979 | 6/22　8:56　~　7/23　19:48 |
| 1980 | 6/21　14:47　~　7/23　1:41 |
| 1981 | 6/21　20:45　~　7/23　7:39 |
| 1982 | 6/22　2:23　~　7/23　13:14 |
| 1983 | 6/22　8:09　~　7/23　19:03 |
| 1984 | 6/21　14:02　~　7/23　0:57 |
| 1985 | 6/21　19:44　~　7/23　6:35 |
| 1986 | 6/22　1:30　~　7/23　12:23 |
| 1987 | 6/22　7:11　~　7/23　18:05 |
| 1988 | 6/21　12:57　~　7/22　23:50 |
| 1989 | 6/21　18:53　~　7/23　5:45 |
| 1990 | 6/22　0:33　~　7/23　11:21 |
| 1991 | 6/22　6:19　~　7/23　17:10 |
| 1992 | 6/21　12:14　~　7/22　23:08 |
| 1993 | 6/21　18:00　~　7/23　4:50 |
| 1994 | 6/21　23:48　~　7/23　10:40 |
| 1995 | 6/22　5:34　~　7/23　16:29 |
| 1996 | 6/21　11:24　~　7/22　22:18 |
| 1997 | 6/21　17:20　~　7/23　4:14 |
| 1998 | 6/21　23:03　~　7/23　9:54 |
| 1999 | 6/22　4:49　~　7/23　15:43 |
| 2000 | 6/21　10:48　~　7/22　21:42 |
| 2001 | 6/21　16:39　~　7/23　3:26 |

| 生まれた年 | 期 間 |
|---|---|
| 2002 | 6/21　22:25　~　7/23　9:15 |
| 2003 | 6/22　4:12　~　7/23　15:04 |
| 2004 | 6/21　9:58　~　7/22　20:50 |
| 2005 | 6/21　15:47　~　7/23　2:41 |
| 2006 | 6/21　21:27　~　7/23　8:18 |
| 2007 | 6/22　3:08　~　7/23　14:00 |
| 2008 | 6/21　9:00　~　7/22　19:55 |
| 2009 | 6/21　14:47　~　7/23　1:36 |
| 2010 | 6/21　20:30　~　7/23　7:21 |
| 2011 | 6/22　2:18　~　7/23　13:12 |
| 2012 | 6/21　8:10　~　7/22　19:01 |
| 2013 | 6/21　14:05　~　7/23　0:56 |
| 2014 | 6/21　19:52　~　7/23　6:41 |
| 2015 | 6/22　1:39　~　7/23　12:31 |
| 2016 | 6/21　7:35　~　7/22　18:30 |
| 2017 | 6/21　13:25　~　7/23　0:15 |
| 2018 | 6/21　19:08　~　7/23　6:00 |
| 2019 | 6/22　0:55　~　7/23　11:51 |
| 2020 | 6/21　6:45　~　7/22　17:37 |
| 2021 | 6/21　12:33　~　7/22　23:27 |
| 2022 | 6/21　18:14　~　7/23　5:06 |
| 2023 | 6/21　23:58　~　7/23　10:50 |
| 2024 | 6/21　5:51　~　7/22　16:44 |
| 2025 | 6/21　11:42　~　7/22　22:29 |

# おわりに

　年次版の文庫サイズ『星栞』は、本書でシリーズ5作目となりました。昨年の「スイーツ」をモチーフにした12冊はそのかわいらしさから多くの方に手に取って頂き、とても嬉しかったです。ありがとうございます！

　そして2024年版の表紙イラストは、一見して「何のテーマ？？？」となった方も少なくないかと思うのですが、実は「ペアになっているもの」で揃えてみました（！）。2024年の星の動きの「軸」の一つが、木星の牡牛座から双子座への移動です。双子座と言えば「ペア」なので、双子のようなものやペアでしか使わないようなものを、表紙のモチーフとして頂いたのです。柿崎サラさんに、とてもかわいくスタイリッシュな雰囲気に描いて頂けて、みなさんに手に取って頂くのがとても楽しみです。

　星占いの12星座には「ダブルボディーズ・サイン」と呼ばれる星座があります。すなわち、双子座、乙女座、射手座、魚座です。双子座は双子、魚座は「双魚宮」で2体です。メソポタミア時代の古い星座絵には、乙女座付近に複数の乙女が描かれています。そして、射手座は上半身が人

間、下半身が馬という、別の意味での「ダブルボディ」となっています。「ダブルボディーズ・サイン」は、季節の変わり目を担当する星座です。「三寒四温」のように行きつ戻りつしながら物事が変化していく、その複雑な時間を象徴しているのです。私たちも、様々な「ダブルボディ」を生きているところがあるように思います。職場と家では別の顔を持っていたり、本音と建前が違ったり、過去の自分と今の自分は全く違う価値観を生きていたりします。こうした「違い」を「八方美人」「ブレている」などと否定する向きもありますが、むしろ、色々な自分を生きることこそが、自由な人生、と言えないでしょうか。2024年は「自分」のバリエーションを増やしていくような、それによって心が解放されていくような時間となるのかもしれません。

星栞 2024年の星占い
蟹座

2023年9月30日　第1刷発行

著者　石井ゆかり

発行人　石原正康
発行元　株式会社 幻冬舎コミックス
　　　　〒151-0051 東京都渋谷区千駄ヶ谷4-9-7
　　　　電話 03-5411-6431（編集）
発売元　株式会社 幻冬舎
　　　　〒151-0051 東京都渋谷区千駄ヶ谷4-9-7
　　　　電話 03-5411-6222（営業）
　　　　振替 00120-8-767643

印刷・製本所：株式会社 光邦
デザイン：竹田麻衣子（Lim）
DTP：株式会社 森の印刷屋、安居大輔（Dデザイン）
STAFF：齋藤至代（幻冬舎コミックス）、
　　　　佐藤映湖・滝澤 航（オーキャン）、三森定史
装画：柿崎サラ

©ISHII YUKARI, GENTOSHA COMICS 2023
ISBN978-4-344-85261-7 C0176　Printed in Japan
幻冬舎コミックスホームページ　https://www.gentosha-comics.net